超越虛空

傳道書中盼望的信息

赫戴維著

別是巴學舍同工合譯

一九八一年別是巴學舍記念書

超越虛空
——傳道書中盼望的信息

原著：赫戴維
翻譯：別是巴學舍同工
出版：美國活泉出版社
P.O.BOX 1003, Monterey Park, Ca. 91754 U.S.A.
總代理：基道書樓有限公司
香港九龍界限街148號地下 / 電話：338-7104 / 傳真（852）338-4457
（澳洲）基道書樓Logos Book House
4 Tooronga Terrace, Beverly Hills, 2209, N.S.W. Australia.
電話：（02）554-3631
設計製作：基道書樓製作部
一九八二年一月初版
一九八四年九月再版
一九九二年十二月三版
版權所有・請勿翻印

Beyond Futility
— Messages of Hope from the Book of Ecclesiastes

By David Allan Hubbard
Translated by Beer-sheba Seminarians
Published by Living Spring Publications
P.O. Box 1003, Monterey Park, Ca. 91754 U.S.A.
Sole Agent and Production: Logos Book House Ltd.
148, Boundary St., G/F., Kln., Hong Kong.   Tel: 338-7104
Fax: (852) 338-4457
Logos Book House
4 Tooronga Terrace, Beverly Hills, 2209, N.S.W. Australia
Tel: (02) 554-3631
English Edition © 1981 by David Allan Hubbard
1st Chinese Edition, Jan. 1982
2nd Chinese Edition, Sept. 1984
3rd Chinese Edition, Dec. 1992
© 1982 by Living Spring Publications
ALL RIGHTS RESERVED
ISBN 0-941598-02-0

目　錄

中文版序

感嘆人生的虛空，追求生命的意義，這是古今中外，凡會思想的人都有的一個共同現象。基督徒也不例外。

我們選譯赫戴維博士 (Dr. David Allan Hubbard) 的這一本「超越虛空」，希望藉著他所傳講的十三篇神的信息，幫助基督徒辨明虛假的安全感，確認惟有靠着神的話，才能超越虛空的人生，進入更豐盛的生命。

赫戴維博士是美國加州福樂神學院 (Fuller Theological Seminary)的院長暨舊約教授，「喜樂之聲」廣播節目的專任講員。他不但在神學方面有高深的造詣，在信息方面也有很特出的恩賜，經常在北美各地應邀主持講台。赫博士著作等身，我們謹先精選本書呈獻各地華人基督徒。

感謝「別是巴學舍」同工們，他們在進修時能從百忙中抽空，同心協力翻譯本書，作為「一九八一年別是巴學舍記念書」。這些同工都是由東南亞或美國本土前來福樂神學院的進修者。本書出版之日，部份同工已經回到原來之工場服事，我們求主賜福他們每一位的聖工。可惜，別是巴學舍同工中，有部份因爲沒有正式學過中文，不能參予本書翻譯工作，沒有列名在本書。我們求主也一樣記念他們。

美國活泉出版社
一九八一年六月

導 言

　　如果有人不以為傳道書是一團謎雲，那麼他一定還沒有真正讀過傳道書。自古以來，許多傳道人、學者、教師、平信徒，都在懷疑，這一卷書的目的何在？都在問，這卷書的意義是什麼？

　　我寫這本小書的目的，是希望能提供一點幫助，以解決傳道書這團尚未被解開的謎雲。為了達到這目的，必須先對這卷聖經的背景作一些說明。

　　「傳道書」是這卷聖經的書名。它譯自希臘文，相當於希伯來文的 Qoheleth 一字，這個希伯來文可能是指會眾中的一個職員。到底是指召聚會眾的「召集人」，或是向會眾講話的「傳道者」，我們不能肯定。現在一般人都把它稱為「傳道者」，我想這是可以的。只是，不要把這個舊約智慧人的頭銜，和新約傳揚耶穌基督救恩信息的傳道人相混淆就好。由於這位傳道者在傳道書中所表現的多疑傾向，有些人主張，把它譯為「教授」比較恰當。這話有點道理。可是，希望這種譯法不是含沙射影，指着現今大學中的情形而言。

　　無疑的，那位傳道者是個智慧人。他引用自己的經歷作實例，他警告人不可有錯誤的價值觀念，他對當時格言的熟悉，這一切都表現出他是一個智慧的從業者，就是藉着觀察自然界和人性活動為基礎，以解釋現實的人。可能是這位傳道者的一位學生，清楚地記下了當時智慧人工作的情形：

> 再者、傳道者因有智慧，仍將智識教訓眾人。又默想、又攷查、又陳說許多箴言。傳道者專心尋求可喜悅的言語，是憑正直寫的誠實話。（傳十二 9、10）

　　這位傳道者是什麼時候的人物？這是一個很難決定的問題。有人主張，從希伯來文的格式看，似乎屬於被擄之後。粗略的說，可能是主前四百五十年至二百五十年之間。若把這本書放在這段時間，就表示所羅門不可能是這本書的最後作者，因為

所羅門是主前第十世紀的人。事實上這一卷聖經根本沒有提到
所羅門的名字。作者自稱「在耶路撒冷作王，大衛的兒子（也
可譯爲後裔）」（傳一1～12）。他對自己的身份似乎故意不
明顯指出，在第二章以後根本就不提。

　　關於傳道書的時代背景，我們所能說的似乎只是，當時生
活艱難。生活的艱難並不是指經濟上的，雖然當時錢並不很富
裕；也不是指軍事方面的，雖然當時似乎有外來侵略的危機。
所謂的生活艱難，是指靈性上和感情方面。當時百姓信仰的活
力似乎已經枯竭。他們對於神與他們同在的那種盼望已經消沉。
他們的宗教信仰已經變成狹窄的儀表形式，沒有意義的舉動。
他們所關心的是商業上的成就，可以賺多少錢，有多少物質的
供應，如何享受奢侈的生活。

　　他們還是信靠神，不過他們已經排除了神行事方法的奧秘。
他們以爲神行事的方法是可以預料的。他們把傳統的智慧學得
太多了。傳統的智慧教導人說，只要你行得好，神必賜你物質
上的恩惠。

　　假如神行事的方法可以被預料，那麼祂就不再是神了。因
爲如果是這樣的話，人就可以用方法來控制神的行事。如此人
反而要高於神了。無論你怎麼說，神必定是自由的：可以自由
的照自己的意思行事，可以自由的成就自己的旨意，可以自由
的對付人的軟弱和失敗，可以自由的把恩典加給那些不配得的
人。

　　和約伯記一樣，傳道書是爲了說明一件事實——神是自由
的——而寫的。神是自由的，祂有自由保持奧秘，有自由不照
我們的條件行事，有自由單單照自己的條件行事。如果這位傳
道者強調他同胞生活方式的虛空、飄渺、和無用，他的目的只
是要表明：不要把神當作是理所當然的；人的價值觀不一定靠
得住；最好的方法是，在我們工作上、我們家庭、我們的恩賜
上，神給我們多少，我們就善加利用。如果傳道書缺少希伯來
先知的那種強烈信心，缺乏基督徒福音的那種迫切的盼望，那
是因爲他生活在一個不同的時代裏。但是，在他的時代裏——
在我們的時代也一樣——這位傳道者充份實現了神的旨意。他
把他那世代人們愚妄的偶像崇拜，和空虛的信靠都暴露出來。

如此，他為那位更大的「智慧人」的來臨，預備好了道路。這位更大的智慧人就是耶穌，祂以肉身向世人顯明了神完全的智慧和神完全的自由。

在本書的每一章中，我都試圖指出這位智慧者如何對他同胞膚淺的態度和歪曲的價值觀發出挑戰。他以苛刻態度批評他們的生活是建立在一團腐朽的平台上。他所提供的替代品是「現實主義」，即使是暫時性的也好。誠然，享受神每日所賜的恩惠，遠比把生活建立在享樂、名聲、或財富上好。

可是，我們還需要一個更好的基礎。原來的舊基礎乃是老一輩的智慧人的教訓，諸如箴言書中所保存下來的那些教訓，這個基礎已經崩潰了。而這位傳道者根據現實主義所提的基礎又只是暫時性的，那麼很明顯的，我們需要一個新的基礎，這個新基礎就是我們主耶穌基督。祂乃是惟一既充足又是永恆的基礎。

我在每一章都設法追尋這種由較差的基礎轉到更好的基礎，進而到惟一的基礎的過程。這過程也可以說是由舊智慧轉而為新智慧，進而到最高智慧的過程。同時我也希望多多了解這位傳道者的貢獻和他的極限。我對這位傳道者的真知灼見有很高的敬意。感謝神全知的攝理，為我們保存下這一卷小書，叫我們這些屬神的人可以喜愛遵行這書中的教訓。雖然他的教訓不是終極的，不過這些教訓確實可以叫我們看到人類的愚昧，可以使我們免蹈前人覆轍，神智慧的聖靈真是開啟了這位智慧人的眼睛，使他看到世人生命的虛空，並且給他指明前面那一條更美好的「道路」。

第一章

超越虛空
—— 進入意義

（傳一 1 ～ 11 ）

劉達芳　譯

他們的問題把我怔住了。他們從來沒有這樣問過我；今天，也許是因為我的臉拉長了，也許是因為我遲了五分鐘到課室，學生們才問我這個問題。我稱他們為學生，其實他們是牧師，是我事奉主的朋友與同工。他們到學院來選這門特別課程，以擴大他們的知識，提高他們服事的技能。

可能他們察覺到我心裏有煩惱，為了要給我機會談一談，於是才問我這個問題：「今天好嗎？」今天好嗎！我真想哭一場。我剛打完一個很長的電話。看來我那個計劃不得不取消了。為這計劃我已經花了三個月的心血。就在我以為整個計劃即可完成的時候，突然一切都告吹了。

今天好嗎？他們既然這樣問我，我就含着淚，把心裏那種白忙一場深深虛空的感覺告訴他們。

虛空的日子是免不了的。我們的計劃有些會中途流產。一些似乎行得通的路會成為死巷一條，使得我們必須從頭走起。我們所依賴的支柱會塌下，使得我們的盼望落了空。

疾病臨到或生意失敗了時，虛空的日子往往會持續到幾週幾月之久。有時我們撕下十二月那頁月曆時，會深深嘆一口氣，希望新的一年會帶給我們一些較好的日子。

虛空的歲月有長有短，人的生命總不能全是一帆風順。人生總有它陰暗蕭條的一面，但傳道書中的傳道者卻是一貫地從陰暗的角度去看人生。他不以為生命根本上通常是美善的，而痛苦只是偶然的；相反的，他宣告說，人不可能說人生是美好的，除非他沒有細細思想它。

人若仔細分析人生的際遇及人類的經歷，就會發現虛空是如何深植其中。這虛空近乎諷刺，常叫人驚訝。它老是在人以為最不可能出現的地方出現。我們所看為寶貴的價值，原來是虛假的。努力工作而成功在望的時候，失敗忽然臨到。享樂本來應該可以叫人滿足，卻叫我們更乾渴。諷刺的虛空，虛空的諷刺——這就是傳道者所見人生的色彩。

在他整卷書的十二章中，傳道者所爭辯的一個重點是：作為人類的一份子，我們很難**超越虛空**。這就是傳道書開頭那個著名的宣言的意義：

傳道者說，「虛空的虛空，

虛空的虛空！凡事都是虛空。」（傳一2）

傳道者所用的詞句何等強烈。**凡事**都是空洞的、都是渺無的、都是虛空的。生命並非如我們表面所看的那樣，也不像我們所期望的那樣。不單只凡事都是虛空，而且是虛空中之虛空，最高級虛空的虛空。「歌中之歌」是指最好的歌，「萬王之王」是指最偉大的王，所以「虛空的虛空」是說生命再不能更虛空了。生命中充滿了一種最惡劣的虛空。

傳道者之所以用這麼激烈的詞彙，乃是因為他不能同意其他智慧人的看法。他們的教訓使人以為，生命可以滿有財富、喜樂、及福份。傳道者提出抗議。他認為其他智慧人所應許的，是生命所不能給予的。他們把人們誤導入他們所描繪的那種不切實際的夢想中。特別在兩點上面，他們錯了；第一，他們想預計神的道路，而忽略了其中的奧秘。第二，他們忽視了死亡的事實，死亡叫他們的計劃破滅，叫他們的財富歸與別人。

傳道者試圖通過一個接一個的論據，來揭露這些傳統智慧人教訓中的盲點，叫他的學生不要把自己的生命建立在這種註定要崩潰的價值上。為要建立自己的論點，傳道者故意攻擊當時社會上普遍的信念和看法。他說，他們一向所抱有的觀念、所遵行的習慣，都是虛空的、無意義的、瞬息即逝的。

在他們最高的盼望，最大的夢想，最深的信念上，他都用**虛空**為筆，塗上了陰暗的色彩。在他們工作的態度上，在他們與自然界的關係上，在他們的歷史觀念上，無論他們如何努力，都超越不了虛空。

工作、自然界、歷史——這些觀念都是以色列人眼中生活的中心。他們看重工作，以之為成功的關鍵；他們尊重大自然，以之為神親手的創造；他們看重歷史，以之為神與他們立約，亦在其中履行祂應許的場所。因此，傳道者的批判不是隨便的、膚淺的，乃是認真的、深刻的。這些批判所探索的，乃是他同胞所持有之世界觀中的那些基要部份。

超越虛空——進入工作中的益處

傳道者為他命題所舉的第一個論証是——工作是沒有益處的，人生的一切都是虛空。

> 人一切的勞碌、就是他在日光之下的勞碌、
> 有什麼益處呢？
> 一代過去，一代又來，
> 地卻永遠長存。 （傳一3～4）

工作不能真正使生活有所改觀，無論如何努力，我們都不能把
大地制服。我們耕耘、栽種，我們建造堤壩、開拓湖澤，改變
地勢，但最終勝利的卻是大地。它叫我們精疲力竭。一代又一
代過去了，我們沒有真正把大地改善多少，有時候反而把它破
壞了。

　　傳道者在這點上，給其他智慧人一個當頭棒喝。多少世紀
以來，他們都在宣揚努力工作可得益處的論調。勤勞是創業治
國的秘訣。他們用以下的話教導歷代的門生：

> 耕種自己田地的，必得飽食。
> 追隨虛浮的，卻是無知。 （箴十二11）

若要得到益處，努力工作，不要閒蕩；努力工作，不要空談。
另外一些教師說：

> 諸般勤勞、都有益處，
> 嘴上多言、乃致窮乏。 （箴十四23）

傳道者的結論是：「諸般勤勞，都沒有益處」；其他智慧人的
教訓卻是：「諸般勤勞，都有益處」。他們認為寶貴的，他卻
以為是徒勞。他們認為有價值的，他卻看作是虛空。

　　我們也能領會他這麼講的原因。我們所忙碌的，多半都是
刻板的操作，並沒有什麼真正的成就可言。你以為所有碗碟都
已洗淨的時候，從臥房或洗手間，像幽靈般的，一個髒杯子又
冒了出來。就算所有碗碟真的全都洗乾淨了，再過不了幾小時，
又要重新再洗一次。

　　我們的工作好些都是週而復始的循環，好些都是虛空的。
我們擬定一些計劃，卻又告吹；我們拼命節省一些錢儲蓄，它
卻貶值了；我們努力工作求步步高陞，職位卻被他人所得；我
們的財富留給政府或承繼人，他們卻任意揮霍。

　　然而，我們卻仍然需要工作。這位教授（我們稱之為傳道
者）雖然心灰意冷，卻沒有提倡人要放棄工作坐以待斃。但我
們如何才能超越這種顯然的虛空呢？我們如何才能從工作中得

到又真實又恆久的益處呢？

　　從後來降臨的耶穌，那位更大的智慧人的生平和言語中，我們找到了答案。福音包括了一個好消息：我們的工作——甚至那些刻板枯燥的工作——都可以是不虛空的。主耶穌說，祂的使命之一是要帶領我們超越虛空，進入工作的益處。

　　也許就是這個原因，祂才降世成為一個木匠。一切工具祂都能運用自如，祂用的材料是木塊，是鐵。祂按着客人的訂貨去趕工。祂的關節酸痛，祂的指頭起泡。神的兒子成為勞動人羣中的一員，祂與我們幷肩工作。遵行神的旨意包括了體力勞動。祂勤奮而喜樂地作工。

　　祂將自己的日常工作與那更大的工作聯繫起來。那更大的工作就是倚靠神的能力，遵行祂的旨意。祂鼓勵衆人要參予同樣的屬靈工作：「不要為那必壞的食物勞力，要為那存到永生的食物勞力」（約六27）。更積極的說，「信神所差來的，這就是作神的工」（約六29）。

　　相信耶穌拯救我們脫離罪，靠祂帶領我們一生的道路，信靠祂以支取事奉的能力——這就是神的工作，那超越工作之上的工作，那真實的工作。這就是那叫我們一切工作變得有益處的工作。工作是虛空的？這句話已成過去，關於工作益處的好消息已來到，是主耶穌帶來給我們的。

超越虛空——進入大自然中的樂趣

　　如果傳道者對於工作的態度是倦怠的話，且聽聽他對神所造的大自然的看法：

　　日頭出來、日頭落下，
　　　　急歸所出之地。
　　風往南颳，
　　　　又向北轉。
　　不住的旋轉，
　　　　而且返回轉行原道。
　　江河都往海裏流，
　　　　海卻不滿。
　　江河從何處流，

仍歸還何處。（傳一 5～7）

太陽、風、江河都成為單調反覆的記號。其軌跡已定，其路徑亦一成不變。人的能力不能改變它，也不能從它得到樂趣。

這幅圖畫與我們通常從聖經所看到的，是何等不同。傳道者認為太陽是炙熱而沉鬱的；但詩篇作者卻看太陽如勇士歡然奔路（詩十九 5）。傳道者認為風沒有定向，只有往返地吹；但詩篇作者卻以風為神的使者（詩一〇四 4）。傳道者以江河為徒勞無功的記號，因為它們不斷地向海傾注，卻不能把海填滿；但詩篇作者卻覺得「有一道河，這河的分汊使神的城歡喜」（詩四十六 4）。

這幅圖畫叫人困惑，究竟我們該為自然界的單調而嘆息，而覺得厭煩？抑或該頌讚創造的活力呢？自然界是人的朋友？抑或敵人呢？

這裏主耶穌又給我們帶來好訊息。祂以我們的樣式降生在馬槽中，祂有人類血肉之軀。這就告訴我們，神愛、神也眷顧祂所造的一切。大自然不是人類福祉的威脅，乃是人類需要的供應者。它不是生命沉鬱的証據，乃是神榮耀的見証——這就是耶穌對大自然的態度。從種籽和泥土、從父神對麻雀和百合花的眷顧、從在婚筵中把水變為酒，這些屬靈的故事，可以看到主耶穌，萬物的主宰，怡然享受祂所造的萬物。我們也可以這樣。

有時候，祂的神蹟把我們帶進超越創造的創造中，就是那新的創造，那未來世代的奧秘之中。祂是海的主宰，所以祂能平靜風浪。祂是疾病的主宰，所以祂能醫治大自然的創傷。祂是死亡的主宰，所以祂能決定大自然的結局。藉着祂的復活，祂已經帶領那些屬祂的人進入那新天新地之中，在那裏神的旨意得以完全成就，神的榮耀得以完全彰顯。神所創造的大自然是虛空的？不，這個宣告已被取消了。關於神所造的大自然的好消息已來到，是主耶穌所宣告的。

超越虛空——進入歷史的方向

與工作及大自然一樣，歷史也被傳道者用「虛空」為筆，塗上灰暗的色彩。他用兩句話就顯出了那陰暗的色調，「⋯⋯

日光之下並無新事。」又，「已過的人無人記念……」（傳一9～11）。

這種看法與以色列衆先知的教訓有着尖銳的衝突。他們期待着神所要作的新事，他們鼓勵人們在這些新事發生時唱新歌，鼓勵他們的跟從者記念神過去在歷史上爲他們所作的，又按着神這些作爲的亮光去生活。

日光之下無新事嗎？歷史是沒有方向的嗎？沒有任何值得記念的事嗎？歷史只是一堆被人遺忘的廢墟嗎？

答案是，「不！」主耶穌的福音強烈的否定了這些。歷史仍有其驚人的事迹。主耶穌在肉身顯現就是其中的一項。將來要來的還有新約、新律法、新造的人、新天新地。主耶穌進入我們的歷史來，教導我們如何記念過去，如何盼望未來。祂指出那值得記念的過去——祂的死和復活；祂指出那個值得盼望的將來——祂的教會及祂的再來。

祂進入我們的歷史中，用祂的慈愛與恩典改寫了這歷史，祂又呼召我們進入那超越歷史的歷史，就是那存到永遠的天國。歷史是虛空的？這個論點已被否定的，關於歷史的好消息已經來到，這是主耶穌所証實的。

我們都可能有虛空的日子，也許幾天，也許幾週。那時似乎四面楚歌，生命似乎要瓦解了。但虛空的生命並不是我們杯中的份。基督的福音使我們不致於如此。因爲祂已叫萬物更新了，所以生命可以充滿了意義——是從我們開始的。

第二章

超越虛空
——進入智慧

（傳一12～ 18 ）

谷口惠馨　譯

　　我很不喜歡給滿懷壯志、雄心勃勃的青年人潑冷水，可是，我必須幫助他們面對現實。過去我每年都必須這麼作。那時我在聖達巴巴拉城西蒙大學(Westmont College in Santa Barbara)任教，每年秋天，我負責向初來入學的新生致訓。他們切望着要嘗試新的經驗，熱誠的要追求所學的各門科目。

　　我不願在他們輕快的心靈上加重壓，然而，卻又必須幫助他們了解到，自己入學到底學的是什麼？我會問他們說，你希望從大學得到什麼？是屬靈的亮光？很好，我完全贊同。可是，倘若這是你主要的目的，那麼，你應該到夏令會去，或是到進深靈命的退修會去。你到大學來究竟要尋求什麼？玩耍嬉戲？尋開心？得友誼？找娛樂？我會回答說，好。可是，這一切在你本地的俱樂部都有啊——而且費用又便宜得多。在研究學問的校園內，你要找什麼？資料？事實？知識？非常好！我衷心贊許。但是，倘若你買一套包羅萬有的百科全書，在自己安舒的家內，細細閱讀，又把各種資料熟記心中，豈不更上算得多嗎？

　　我天天向神禱告祈求的，是希望那些剛入學伶俐的、朝氣勃勃的男女年輕學子，每日都滿滿得着屬靈的亮光，俾益身心的娛樂，和有幫助的資料。可惜的是，我並不能保証他們必定能得着這一切。我所能保証的，是另一件絕然不同的，他們都想不到的東西：倘若你真正循規蹈矩接受大學教育，你就會知道，自己將來一定更能吃苦。

　　在我身旁是一位智慧的傳道者（即傳道書中的那位傳道者）。他深深了解到追求智慧所要受的痛苦：

　　因為多有智慧，就多有愁煩；

　　　加增知識的，就加增憂傷。（傳一18）

　　這些話必然會使那位傳道者的學生感到震撼。對智慧這樣的看法，跟常人的觀念，完全是背道而馳，但很能吸引人的注意。在箴言書內，用不着翻多少頁，你就可以看到與此相對立的看法。

　　得智慧、得聰明的，

　　　這人便為有福，

　　因為得智慧勝過得銀子，

　　　其利益強如精金。
　　比珍珠寶貴，
　　　你一切所喜愛的，都不足與比較。
　　他右手有長壽，
　　　左手有富貴。
　　他的道是安樂，
　　　他的路全是平安。
　　他與持守他的作生命樹，
　　　持定他的俱各有福。（箴三13～18）

　　照箴言所記，在智慧上投資者，所得的利息是洋洋可觀的：長壽、富貴、尊榮、安樂、平安、喜樂。絕沒有人會拒絕以上所列舉的任何一項。即使對最慷慨的聖誕老人，我們亦未敢有如此要求。

　　這位傳道者，用粗鹵、甚而近乎野蠻的方法，所要表達的，不過在說明智慧帶有諷刺性的另一面。智慧不但未能給予人它所允諾的享樂與榮華，而且更帶着幾個缺陷，這是追求智慧者，必須三思的。

　　為要戲劇性地帶出這要點，這位傳道者穿上所羅門王的朝服，把自己置身於這位大君王的經驗裏。他這樣作的原因有兩方面。第一方面，所羅門王的智慧舉世無雙，若任何人有足夠的智慧，使他能得着智慧所允諾的幸福與享樂，所羅門王必是這人，他向神的禱告是：

　　所以求祢賜我智慧，可以判斷祢的民，能辨別是非，不然，誰能判斷這衆多的民呢？（王上三9）

神給他的回答是清徹而響亮的「好」：

　　我就應允你所求的，賜你聰明智慧，甚至在你以前沒有像你的，在你以後也沒有像你的。（王上三12）

　　第二方面，這位傳道者取了所羅門王角色的原因是：需要這信息的人，都是所羅門王的熱心跟從者。他們尊他為整個智慧運動的創立人兼贊助者，他的「智慧超過東方人，和埃及人的一切智慧。」他「作箴言三千句，詩歌一千零五首」（王上四30～35）。

智慧傳道者的結論

　　故此，傳道者就把自己當爲所羅門王，揚聲說明智慧不能解決人類所有問題，而這乃是其他老一輩智慧人的敎訓：

　　我傳道者在耶路撒冷作過以色列的王，我專心用智慧
　　尋求查究天下所作的一切事。（傳一12～13）

　　察究人生的各種資料，是一個智慧者的正常任務。動物的習性，植物的型式，種族、家庭和個人的習慣──這一切的一切，都備受詳盡而仔細的分析，以便了解人類行爲的普通原則與規範，並能把它傳授給別人。再者，在這方面作開路先鋒的也是所羅門王，他好奇地探索了生命範疇的各領域：

　　他講論草木，自利巴嫩的香柏樹，直到牆上長的牛膝
　　草，又講論飛禽走獸，昆蟲水族。（王上四33）

　　正如今日的心理學家、社會學家、及人類學家之求敎於生物學家和動物學家，希望從而更多認識人類行爲。同樣的，整個大自然和經驗的範疇，都成了傳道者和他同工的實驗室。與他同工的智慧人都明白這位傳道者察究的方法。他的結論叫他們都相驚失色。

　　神叫世人所經練的，是極重的勞苦。我見日光之下所
　　作的一切事，都是虛空，都是捕風。（傳一13～14）

　　困擾着這位傳道者的，並非缺少智慧，而是智慧的存在。他尋着了自己一心一意所追求的。可是，這只証實了一切都是虛空。智慧絕不是堅固的磐石，可以在其上建造健全的生命。智慧不過好像煙霧，又像一口氣，毫無實體，如微風一樣的不可靠。伸手抓它嗎！你手一挪移就已把它吹散。以爲抓住了，可是它又從你指縫間漏走了。

　　他對智慧的極限下這樣嚴厲的結語，是基於兩個原因。第一，智慧不能改變現實。人生大部份的問題，絕不能歸咎於智慧，乃是人生本來就是如此。人生充滿了各樣不義、苦痛、疾病的折磨、驚人的罪惡，人生的問題眞是數不勝數。智慧只能站在一旁，作個無能爲力的旁觀者。試想想今日各大城市所面臨的重大困難：財政接近破產邊緣、失業達到驚人程度、敎育正爲前面方向困惑、犯罪率高聳至頂點。智慧只能分析事物動態和發展方向，卻不能開藥方，決定解決的辦法。我們這一位

智慧者寫下這些使人費解的字句時，他必定是想到這一點：

<u>彎曲的不能變直</u>，

缺少的不能足數。（傳一15）

智慧可以探索出問題關鍵的所在。可是卻不能使彎曲的變為筆直，使缺少的得完全。智慧絲毫未能改變現實。

然而，**智慧卻能加添憂傷**。這是這位傳道者對其他智慧人為智慧所定下的價值，產生懷疑的第二個原因。現實的人生是如此的彎曲，如此的缺乏。智慧只能喚起人注意這些可厭的音符，卻不能使它變為和諧的歌聲。倘若詩班的歌聲不合調子，節拍和音調出岔子，咬字發音混淆不清，坐着聆聽的人，最好就不要是曾受過訓練的音樂家。否則，他們必然得同意傳道者的話說：

因為多有智慧，就多有愁煩，

加增知識的，就加增憂傷。（傳一18）

他們對音樂愈是精曉，一個壞的演唱所帶來的痛苦就愈大。

這就是我對那羣熱切地等待，希望在校園內展翅上騰的剛入學之青年學子，所要說的一番話。智慧和知識本身不能滿足人心靈的需要；揭露生命的幽暗面，只能平添我們的憂傷。

智慧救主的委身

這位傳道者對於過度重視智慧雖然存疑，卻未提出無知和愚昧勝於智慧之類的論調。而且，事實上，他自己使用又敏銳又靈活的智慧，為我們指出智慧能力所不及的地方。他能看出智慧的價值有其極限，就証明他是一個看重智慧的人。他用智慧來指出智慧的實質，又用同一的智慧來証明它的虛空。

他幫了我們一個很大的忙。我們對眞智慧人和自負的小聰明往往混淆不清。其實二者全然不同。可惜的是，這位傳道者未能帶領我們更上一層樓，我們得有待另一位智慧人——就是那位智慧的傳道者及智慧的救贖主耶穌——來領我們超越虛空的智慧，進到智慧的穩固核心。

較所羅門王智慧更大的，獨有主耶穌基督。因為示巴的女王「從地極而來，要聽所羅門的智慧話。看啊！在這裏有一人比所羅門更大」（太十二42）。藉着祂的智慧，人才能超越虛

空，獲得從上頭來的眞智慧（雅三17）。

智慧能改變現實——這是主耶穌所帶來的驚人啓示之一。如主耶穌所啓示的，智慧並非人深入研究所得的產品，乃是堅心決意委身的結果。不是書寫在經卷上的，乃是刻劃在十架上的。

十字架具備赦罪的能力和智慧的愛。唯獨十字架能使彎曲的人生回復正直，爲缺乏的人生補滿不足。人類最高的智慧所未能辦到的事情，主耶穌基督——神的智慧和能力——都已一一辦妥（林前一18～25）。祂代我們付清了對神的虧欠、定下了我們一生的方向、整理我們混淆的價值觀、並釋放我們爲奴受綑鎖的靈魂。

現實已經改變了，唯有神的智慧能改變現實，眞正的智慧不只是主耶穌在辨別是非上的教導，乃是祂自己的委身——委身至死的地步——以使我們錯誤之處得以改正。

智慧能加添喜樂——這是救主委身的另一內涵。現實上的改變會改進我們的福祉。請聽神的應許：「你們得在基督耶穌裏，是本乎神，神又使祂成爲我們的智慧、公義、聖潔、救贖」（林前一30）。只有這些才能加添我們的喜樂、而非古時智慧人所說的長壽、尊榮、財富、平安、福份。

公義、聖潔、救贖——這些詞彙表達了我們與神的關係。它們告訴我們，神已經把我們從爲奴的地位中救贖出來，使我們進入祂的家中，祂已經洗淨我們一切污穢，使我們能與祂有交通。我們得與神和好，完全是因爲基督對我們的委身——這才是喜樂的眞義，進入智慧的途徑。

第三章

超越虛空
──進入享樂
（傳二 1 ～ 11 ）

谷口惠馨　譯

我們年輕時最嚮往的賞心樂事，就是在定期市集的日子，到城裏歡渡一天。在擁擠的人叢中穿梭竄進，那熱鬧眞使脈搏奔跳，使說話的音調也提升，眼珠只顧往還四處轉動，直往自己喜歡的攤子轉，攤子上琳瑯滿目，陳列着各式各樣奇珍異品：冰棒、糖糟蘋果、巧克力軟糖、家製的冰淇淋、棉花糖、厚厚的蘋果派、長長的甘草條等等——在如此五光十色的世界中，這些只是吸引著我們注意力，要賺走我們零用錢的部份例子而已。

省城的定期市集不只是賣糖菓，亦是家製物品的廣大市場。市集上展覽着千百人的手藝。自手織毛衣起至百補被，家製的桃子罐頭至農莊提煉的牛油，木刻小肖像至窰烘燭台等等，林林立立，應有盡有。

市集上也有家畜的展覽。從攤子背後的圍欄和柵屋中，不時傳來家畜的唱和。牛的哞聲，驢的叫聲，馬的嘶啼和羊的咩咩，攙雜構成一曲熱鬧的動物交響樂。可是，它們得被選參加展覽，讓衆評判員視察，並非因爲美妙的嗓子，乃是由於它們濃郁的奶汁、厚厚的羊毛、方方的肩膀和圓圓的大腿。牧場的主人都期望他們的動物能贏得那白色的、紅色的、尤其那藍色的彩帶。

入夜後，整個空間都瀰漫着餘突的歡樂氣氛——方塊舞抑揚的節奏，飛利輪上廻轉的燈光，靶槍咔拍咔拍的響聲，以及施放焰火的耀眼光芒，眞是一個值得達旦不眠的良宵。

省城的定期市集，在以往（今天在某些城鎮仍舊一樣）可以說是集各種享受的總滙，也是各類娛樂的大結合。它把人類吃、喝、遊樂、比賽和成就中的喜樂，綜合起來，以幾天的時間，在一個固定的地點進行。對小孩子來說，它無疑是全年中最重要的日子。

在傳道書中陳述自己經驗和觀點的那位智慧者，一定會喜歡這樣的市集，對於市集如何繫住我們的心思，如何用有趣的事來吸引我們，他必瞭如指掌。

享樂是傳道者爲自己定下的各種活動中的一部份。在他了解生命的課程裏頭，享樂是一門主要的科目。他已嘗試過智慧，發現智慧的貢獻有限，不外乎添人類痛苦，未能改變現實絲毫。

爲此，他轉過來要試試享樂，看在其中蘊藏的人生意義能有多深。他再次把自己置身於所羅門的地位，因爲在以色列國悠久的歷史中，未有任何人比所羅門王更有權勢，更有財富和閒暇，來透徹地研究享樂。

享樂的誘惑

傳道者代替所羅門細訴自己的研究：

> 我心裏說：「來罷，我以喜樂試試你，你好享福。」
> （傳二 1 ）

然後，他依照自己在這書中一貫的習慣，先對整件事情下一結論，才細說理由：

> 誰知，這也是虛空。我指嬉笑說：「這是狂妄。」論
> 喜樂說：「有何功效呢？」（傳二 1～2 ）

他先發表自己嘗試各種享樂後所得的虛空結果，之後才慢慢說明其過程。

可是，千萬勿因傳道者率直的結語——享樂是虛空的——而被矇蔽、而看不見享樂對人的誘惑。你可以肯定說，這位智慧者，是在享過很多樂以後，才下如此消極的結語。

總之，享樂之能誘惑人，部份原因是它被視爲能**提升我們的感受**。神創造我們，是要我們享受柔和的撫摩，美味可口的佳餚，醒人脾肺的飲料，優雅秀美的人物和清淡芬芳的香味。就感官的立場來看，我們可以說我們是爲享樂而被造的。傳道者爲要試驗如此的人生觀是否正確，便使自己全然耽溺於享樂中。他把握每個機會，讓自己的感官經驗狂歡或亢奮，激動或舒暢。他這樣刺激自己的感官，究竟能否發現生命的全部目的呢？傳道者認爲值得試試：

> 我心裏察究，如何用酒使我肉體舒暢——我心卻仍以
> 智慧引導我——又如何持住愚昧，等我看明世人，在
> 天下一生當行何事爲美。（傳二 3 ）

他話語的字裏行間，隱約表示出人類探索生命眞諦的艱難。生命中的美——眞正值得我們去追求的——並非顯而易見的。因此，傳道者竭力尋求。在另一方面，人類受制於嚴厲的限制：人活在「高天之下」，得服從神所命定的定律，其一就是人生

只有短短數十寒暑。

這些因素使問題更加複雜。「美」之存在與否尚屬疑問。人類只能在地球狹窄的範圍內搜集這「美」，而搜索的時間又是如此短暫。難怪傳道者拚盡全力，埋頭尋索。

他像小孩子在省城的定期市集一樣，口袋裏裝滿六個月積下來的零用錢，在各攤子中間走來走去，品嘗各樣為感官而造的食物。用酒使肉體舒暢，意欲緩和內心極度的痛苦與失望（二3），買僕婢減輕工作的辛勞，滿足自己掌權的慾望（二7），用財富來加強安全感，縱容自己胡思亂想（二8），與唱歌的男女鬼混時光，以性來飽肉慾（二8）。

這一切的一切，他盡都一飲而盡。他把感官提升——往往達到忘形的境地。享樂還有另一個誘惑，它被視為能**使我們超越刻板的生活**。我們的生活似乎太刻板了。它受到孩童時期學習的生活方式所控制，少年時代所養成的習慣所管轄，文化教養所加在我們身上的枷鎖，每日上下班，作同樣的工作。多少時候，我們渴望衝脫藩籬，奔跑自己創立的新路。

享樂可以使我們作到這一點。我們可以暫時把各種拘束掛在走廊，無牽無掛地進去參加派對。

可是，享樂並不全都是屬感官而已。傳道者論到所羅門王從成功中獲得的喜樂。不平凡的成就使我們可以超越刻板的生活，也帶來喜樂：

> 我為自己動大工程，建造房屋，栽種葡萄園，修造園
> 囿，在其中栽種各樣果木樹，挖造水池，用以澆灌嫩
> 小的樹木。（傳二4～6）

這些都是有用的、吸引人的、生產性的工作，並且能叫人得到滿足。它們開始時只是撒下小小的種子，繼而萌芽，到花朵盛放，最後長成一個青翠的園圃。或是，由一個夢想開始，繼而訂計劃，開工建造，終於造成一座華美的王宮。

經驗過把夢想變為現實，看過把種子培養到開花結果的，都深知勞碌所帶來的喜樂。無論園子大如所羅門王的土地，或許只是後園少許菜圃，一點自製的家具。無論如何，設計、建造、園藝、油漆等——各種美好的勞碌，都給我們難以置信的喜樂。

　　提高我們的感官，幫助我們超越刻板生活的喜樂，在我們的社會上扮演着重大的角色。吸毒醉酒爲尋找刺激；男女在性方面胡作非爲，爲掙脫枯燥煩悶；專心講究醇酒佳餚，渴望經歷光怪陸離的宗教經驗的，這些不外都是要把感官的界限往前推，以突破進入一個新的感官的領域。

　　不平凡的成就所產生的喜樂又如何呢？我們美國的社會比其它任何社會都更努力追求成功。我們所崇拜羨慕的是誰呢？豈不是在各門科技上樹立里程碑，打破記錄的人嗎？我們心中的英雄人物，是那些白手起家的、克服困難出人頭地的、和抖去卑微平步青雲的人。我們仔細回味他們的成就。他們成功的喜樂使旁觀者也得滿足。

享樂的網羅

　　雖然，追求享樂爲所羅門王帶來强烈的刺激，和安靜的滿足（二10），傳道者卻把它列爲虛空。換而言之，生命至終的眞諦，和我們應該投身的至「美」，並非享樂。在這題目上傳道者末了的話，跟開首的話，同是一樣──只是，末了的一句，對人們一生所追求各事物的價值，存更大的疑問：

　　後來我察看我手所經營的一切事，和我勞碌所成的功，

　　誰知都是虛空，都是捕風，在日光之下毫無益處。

　　（傳二11）

　　雖然傳道者說：「我的心爲我一切所勞碌的快樂。」他仍不得不承認所有「都是虛空」（傳二10～11）。他知道享樂的誘惑，也知道它的網羅。同時，他亦發現**享樂對人的允諾，言過其實**。享樂的宣傳部遠勝製作部，它揚言給人優雅的歡樂，但是，能辦到的，頂多不過是搔癢的愉快感覺而已。它撩逗人心靈，卻探不到心靈的深處。人類的創傷必得動外科大手術才可以，它只在傷口塗抹紅碘水。它可以分散我們的注意力，叫我們忘記自己的問題。可是，這並不是說，問題已經不存在。

　　享樂還有另一個網羅：**它只能在行樂時叫我們得滿足**。因此，重複是享樂的秘訣。喝一杯酒，在性方面放肆一次，贏得一回比賽，完成一件工程，參加一個瘋狂派對──沒有任何一樣能使我們的心靈得滿足，即或把它們全部合在一塊兒，亦辦

不到。追求享樂如同吃鹹脆花生，不能吃過第一口便停止，必會一口接一口的吃下去。因為第一口沒有留下叫人恆久滿足的果效。要回味第一顆花生的好處，不如伸手取第二顆花生來得痛快。於是乎，便一口接一口的延續下去。不但心靈未得滿足，而且，每吃一次就教我們渴望吃到第二次。

還有另一個網羅必須提的：**追求享樂終歸使人厭倦或感到挫折**。簡單來說，得到自己所求的享樂，片刻間就生厭倦；得不到所求的，就會感到失望挫折。耽溺於享樂的人，常感無聊煩悶。那些希望享樂，而不能享樂的，卻有酸溜溜之感。

察驗過享樂的網羅之後，便不難明白傳道者為何下此消極的結語。你若是在尋找基礎，要在其上建造自己生命的話，就不能把享樂當作基礎，因為它沒有持久性，不能支持你的生命。即使吸引力如省城定期市集的盛會，一年之內，我們只能化一、二天來參加。若然長久留連其間，生命將是何等空洞、虛空啊！攤子、競賽、和娛樂，偶然為之，還會扣人心絃，長久如是，則如常吃同樣的食物，使人嘔心！

享樂的應許

傳道者給我們一個很好的警告：倘若享樂是我們的目標，那麼，即使最富有、最睿智、最有成就的人，結局都免不了虛空一場。要超越虛空，必須探取另一道路。

耶穌，就是那位比所羅門王更大的，已經給我們指明這一條道路。它跟傳道者享樂之道路截然不同，二者成強烈的對比。

主耶穌應許，享樂真有其事。但是，以尋求享樂為主要目標的人卻找不著。因為真正的快樂**除非分擔基督的受苦**，是得不到的。誰是快樂蒙福的人呢？主耶穌清楚回答：虛心的、哀慟的、飢渴慕義的、背十字架跟從主、為義受逼迫的人。

主耶穌所應許的真喜樂，**除非成就基督的旨意**，是得不到的。我們至終關懷的事，並非吃、喝、衣飾。「這些都是外邦人所求的。你們需用的這一切東西，你們的天父是知道的，你們要先求祂的國和祂的義，這些東西都要加給你們了」（太六32～33）。基督降世為要成就神的工作。除非與基督自己的道路會合，沒有其他的路能叫人超越虛空。

　　最重要的是，主耶穌所應許的真喜樂，**除非愛基督**，是得不到的。歸根究底，帶給我們至高享樂的，並不是娛樂、消遣，或成就，而是交通，就是和我們所關懷的人，有親密、分享思想、經驗、和感覺的時間。即使是有忠於職守的奴僕，高雅優美的舞女，精美迷人的花園，壯麗堂皇的屋宇，刺激挑戰的遊戲和佳餚美釀──這一切的一切，壓根兒就不能跟我們和自己所愛的人，一塊兒共渡的愉快時光相比。

　　超越虛空──進入享樂？惟獨我們能正確地回答，主耶穌向彼得發出的詢問：「…你愛我比這些更深嗎?」（約廿一15），才能得著。回答錯誤的人，好比一個成年人，在市集的棉花糖攤子前徘徊，而自己的妻子卻在家中等待着，要給予他親密而滿足的愛。

第四章

超越虛空
——進入永恒

（傳二12～ 26 ）

鄭榮新　譯

埃及的金字塔真是古代世界的一個奇觀。甚至在建造四千五百年之後的今天，我們這些現代兒女們注視着這些建築物時，仍然心存敬畏，特別是那些座落在開羅附近吉棼 (Giza) 之地的金字塔，真是古代工藝技術偉大的紀念。它們表現了一個偉大的文化下定決心作某件事情時所可能達到的成就。

法老古夫 (Khufu) 的大金字塔體積相當大，幾乎有五百呎高，有大約二百三十萬塊石塊，每塊石頭起碼重二噸。人們曾用不同的比方，想把這座金字塔的巨大形象正確表達出來。有一位學者曾經這麼形容：這座金字塔的底層容量，可包含義大利弗羅倫斯和米蘭的大教室、梵蒂岡的聖彼得教堂、以及倫敦的聖保羅大教堂和西敏寺。最驚人的比方來自拿破崙時代。據說當時一些將軍們爬到大金字塔塔頂，拿破崙在下面等的時候，數了下矗立在吉棼平原上的三座金字塔的巨大石頭。這些將軍們下來之後，拿破崙向他們作了一個驚人的宣佈：如果這三座金字塔的石頭，能夠移到法國的話，它們能建造一座十呎高、一呎厚的圍牆，環繞整個法國領土。

為什麼建造這些鉅大的金字塔呢？法老們動用成千上萬的人，費了幾十年的時間，建造這些建築物的原因是什麼呢？他們為的不只是建築上的成就。他們傾空國庫的黃金，耗竭儲藏的寶石，動用一切工程師的技術，鞭打奴工們。埃及古王國這些尊貴的法老們如此作只有一個目標，他們在**極力對付死亡**。

金字塔是**紀念碑**。它們是用來紀念那些逝世的帝王們所做的鉅大貢獻。用來做紀念碑它們的目的是達到了。從它的佔有東自尼羅河西到沙漠的面積看來，人們可以聯想到埃及帝王們過去威嚴無比的情況。紀念碑是對付死亡的一種方式，鉅大持久的紀念碑提醒後代已經過去的英雄們。我們美國人也同樣地用美麗的石頭建造我們總統們，像華盛頓、傑弗遜、林肯、甘迺迪的紀念碑。

但是埃及法老們在嘗試對付死亡的這件事上，他們所想的不只是作個紀念碑而已。這裏有幾件事值得我們的注意：第一，金字塔的形狀，可能是從人們注視太陽的光線，從它的光源照射到地上的印象仿造來的；第二，埃及法老們認為，他們是太陽神銳 (Ra) 的化身；第三，古代埃及人相信，死人必須藉着一

些器具或運送器（通常是船），被送到另外一個世界去。把這幾點湊在一起，我們可以很合理的推論，金字塔的目的是用來作一個梯階，或者更恰當的說，作為一個樓梯，使過世的君王能直升到他們的天家。金字塔的形狀像太陽照射下來的光線，成為一種可以使君王回到太陽去的工具。這些君王來到這世界，本是為了要統治上埃及和下埃及的百姓們的。

金字塔是這麼苦心地要對付死亡，有些法老花了大半作王的時間在為此作準備。

他們巨大的墳墓是我們生命過渡性質的一種象徵：不管我們有何成就，不管我們地位如何，不管我們活多久，結局都是一樣，死亡。人人不免一死，不論是普通人也好，君王也好，這事實提醒我們，人不能永久在世。

寫傳道書的這位傳道者一定能了解金字塔，和構想金字塔的國王們，因為他也同樣地在死亡的陰影下勞苦工作。

事實上，他說人所倚靠的一切都是虛空的，而他提出的一件無可否認的証據是：人人不免一死。我們用我們的智慧和資源去建造我們以為吸引人的沙堡，而死亡像一個巨大的土霸，傲視人生的沙場，這裏刺刺，那裏踢踢，就摧毀了人一生的工作。

死亡最終的事實

傳道者繼續以所羅門的身份，試一試不同的候選人所提出的主張。他們都說：「投我一票，我會讓你看看人生的意義。」，**智慧**這張文憑被試過，而且証明無效。因為智慧不能改變事實，它只能嘗試了解事實，而在了解事實是何等殘酷時，智慧只能增加我們的痛苦。**享樂**的舞台雖然經過誇張的宣傳保証，也不管用，歡樂導致挫折感和厭倦。因為它只能在享受歡樂的那個片刻給人滿足，過了就不存在了。嘗過歡樂，我們很快地會厭倦，希望嘗試卻嘗不到的，常有挫折感。

其次，這位傳道者發掘智慧和愚昧的關係，看看那個價值高。所羅門假定他的判斷會被接受，因為在他以後的人沒有更大的機會，或更好的資源來作這樣的嘗試（傳二12）。

我便看出智慧勝過愚昧，如同光明勝過黑暗。智慧人

的眼目光明，愚昧人在黑暗行；我卻看明有一件事，
這兩等人都必遇見。（傳二13～14）

死亡最終的事實使智慧只有相對的價值。如果有機會選擇智慧或愚昧的話，人們會選擇智慧，就好像人們會選擇麵包而不選石頭，要乾酪而不要粉筆。然而智慧缺乏永恒的價值，因為有死亡殘酷事實的存在。死亡是同時擄掠愚昧人和智慧人的同一個「命運」。

我就心裏說，愚昧人所遇見的，我也必遇見，我為何
更有智慧呢？我心裏說，這也是虛空。（傳二15）

我們的這位智慧人把它叫做虛空──一個空殼，一個諷刺的陷阱。終我們一生，我們所受的教導都是智慧有價值，謹慎能成功，知識能致勝。而死亡卻把我們所學到的一切一筆勾消。在智慧裏不能找到最後的盼望，因為死亡比智慧更耐久。

此外，**死亡最終的事實甚至滅絕智慧人的記憶：**
智慧人和愚昧人一樣，永遠無人記念，因為日後都被
忘記。可歎智慧人死亡，與愚昧人無異。我所以恨惡
生命，因為在日光之下所行的事，我都以為煩惱，都是
虛空，都是捕風。（傳二16～17）

我們努力建造我們的小金字塔以資留念，建造我們小小的記念碑以留下我們的智慧，然而死亡卻像一陣炎熱乾燥的熱風，橫掃大地，使我們的金字塔變成沙丘──這些沙丘看起來都差不多。

而且死亡這個最終的事實，還有另外一個可惡之處，**它把我們的成就留下給別人使用：**
我恨惡一切的勞碌，就是我在日光之下的勞碌，因為
我得來的必留給我以後的人。那人是智慧，是愚昧，
誰能知道？他竟要管理我勞碌所得的，就是我在日光
之下用智慧所得的，這也是虛空。（傳二18～19）

傳道者埋怨說：花昂貴的代價去獲得財富和物質是虛空的，而且無意義的。我們也不能帶走它們──智慧人知道這一點。但是使他更痛苦的是，承受這種享受和榮耀的，可能是個不肖子。

為了人所謂的成功，你必須付出何等的代價，而這成功又

是何等的脆弱。這是一幅冷酷的畫面。聖經中沒有別的地方描述得比這裏更生動了。

請聽這可悲的曲調所發出的刺耳音符：

人在日光之下勞碌累心，在他一切的勞碌上得着什麼呢？因為他日日憂慮，他的勞苦成為愁煩，連夜間心也不安，這也是虛空。（傳二22～23）

緊張、勞苦、痛苦、煩惱、失眠——這是我們為成功所付出的代價。這成功我們既不能真正得到益處，也不能保存下去。

我們花費所有的資源，透支了我們的精力，去建造我們的金字塔留作紀念。可是死亡臨到了，它把我們的名字從那基石上擦去，而代以大字刻上一個不肖者的名字。死亡真像個大騙子，把我們貴重的遺產都奪去了。

享樂的勉強結論

死亡是一個揮之不去的現實，它減低了智慧的價值，抹去了智慧人的記憶，把我們勞苦所得的轉送給不值得領受的人。這位智慧人把這一切都解釋清楚了。然而，他並不勸他的學生放棄對人生的追求。相反的，他勉強作了一個結論——適度的享樂是可能的。這結論用三句忠言表達出來：

第一個忠言，**趁着可能時享受人生：**

人莫強如喫喝，且在勞碌中享福，我看這也是出於神的手，論到喫用、享福、誰能勝過我呢？（傳二24～25）

對我們這位猶太傳道者來說，神不是一個閉門深居的地主。祂是一位慈悲的供應者。離開祂，我們既得不到生活的基本供應，也得不到最簡單的快樂。慈悲的神給我們自由，以享受祂每天的恩典。不過我們沒有自由假定祂一定賜給我們恩典，也沒有自由預定我們的未來。因此，我們要趁着可能時享受人生。

第二個忠言是：**順服神的決定：**

神喜悅誰，就給誰智慧、知識和喜樂。惟有罪人，神使他勞苦，叫他將所收聚的，所堆積的，歸給神所喜悅的人。這也是虛空，也是捕風。（傳二26）

我們一生所得的分是由神決定的。祂按照祂對我們每一個人的

衡量，來作這樣的決定。雖然，我們有責任去尋求祂的歡喜，但是最後主權還是在於祂。旣然只有祂知道什麼對我們是最好的，我們必須順服祂的決定，並且善用祂賜給我們的分。

　　最後的忠言，也是這位智慧人意思的總結：**不要期望太高**。假如我們期望太高的話，只會使我們生活的結局烙上一個虛空的記號。這位教師說，錯誤的樂觀會使我們受到傷害。假如我們想藉着財富、智慧、享樂、或成就來擔保我們的永恆，或建造永恆的金字塔，是註定虛空一場的。假如順其自然接受神的恩典和祂的決定，不妄圖比神更聰明的話，那麼我們每天都能享受到相當的樂趣。

復活解決了問題

　　這個勉強的結論有其優點。它使我們不致於把希望寄託在飄渺的明天。它提醒我們每天在神的恩典裏尋求喜樂。但是它不能幫助我們對付死亡這個最終的事實。它沒有能力保証我們能得到所期望的永恆。

　　只有那更大的智慧人耶穌能做到這點。祂改變了死亡這個最終的事實。祂說，「復活在我，生命也在我，信我的人雖然死了，也必復活」（約十一25）。復活勝利的解決了永恆問題。它使我們脫離死亡之手，把我們安放在復活主——死亡的主宰——救主的權柄之上。

　　作爲一個新造的人，我們負有一個永恆的使命——我們要在永恆裏愛神，崇拜神。屬神的人將要復活。在尼羅河周圍壯觀的金字塔逐漸被沙和强風腐蝕之後，他們還要繼續活着，並且要享受與他們創造者甜蜜的交往，還要讚美祂的名，因爲祂最後完全戰勝了死亡。

第五章

超越虛空
——進入自由

（傳三1～ 15 ）

符運明　譯

從某些方面看，那本紅册子是我辦公室裏最重要的設備之一。它的大小與教會用的讚美詩差不多。它放在埃妮滋 (Inez) 辦公桌上一個明顯的地方。埃妮滋是我的行政事務助理。她負責保管那本紅册子。只要我按兩下訊號，她就會自動地把那本紅册子拿到我裏面的辦公室來，我們倆人就一齊查閱它。

在某種程度上，這本册子避免了我們日常活動的紊亂。它記錄着那一個禮拜二我要和某某主教一起用飯，那一個禮拜四要乘上午八時四十五分的飛機去芝加哥開會，那一個禮拜一是神學院董事會議──還有很多其他的記錄。

桌上那本紅册子有我們全年的日曆。記錄下我一切約會的備忘錄──有好些是幾個月前已訂好的。一旦時間定下以後，這本册子就幾乎成爲控制我們日常生活的主宰，它定了我們做事的時間，它完全支配了我們的行動。

這樣一來它就大大限制了我們的自由。我們不能在每一天開始時間自己，今天我要作什麼事？我們必須問的問題是：今天我和什麼人約定要作什麼事？那規定我們時間的東西，便剝削了我們的自由。

這就是傳道者在傳道書那一段最著名的經文裏，所面臨的問題。對他來說，生命就如那本紅册子，神用祂的手在其上寫下了我們一生將發生的重要事件。結果我們人既沒有自由改變它，也不能明瞭它。

缺少自由，傳道者稱這是虛空。虛空──因爲我們的計劃受到限制。我們沒有能力更改我們的生活程序，我們全然不能支配自己的前途。

創造自己的前途

傳道者所作的這個冷酷的結論，和其他的智慧人大有差別，特別是其教訓被收集在箴言書裏的那些智慧人。他們比較樂觀，他們的口號是：「前途是自己創造的。」他們勸導學生去尋找生命的大原則，然後順著那方向去走。

他們相信只要**努力工作**就可以創造自己的前途：

手懶的，要受貧窮；

　手勤的，卻要富足。

夏天聚斂的，是智慧之子；

　　收割時沉睡的，是貽羞之子。（箴十4～5）

其涵意是很明顯的：如果我們在恰當的時間做恰當的事，而且做得好，就可以為自己帶來成功。

　　同樣地，箴言書裏的智慧教師又教導學生：**正確的選擇**可以創造自己的前途。

　　通達人的智慧，在乎明白己道。

　　　愚昧人的愚妄，乃是詭詐。（箴十四8）

再者：

不先商議，所謀無效。

　　謀士眾多，所謀乃成。（箴十五22）

或者：

計謀都憑籌算立定，

　　打仗要憑智謀。（箴二十18）

殷勤能影響將來，而正確的選擇也一樣。

　　所謂正確的選擇是決定在什麼時候說什麼話，作什麼事。如此，可以把時間運用得恰到好處。我們就可以馴服時間的潮流，讓它把我們送到我們的目的地。

　　口善應對，自覺喜樂，

　　　話合其時，何等美好！（箴十五23）

　　歷代的男女青年都接受這一類的教養。他們想知道要在什麼時節作什麼事。他們深信勤勞工作加上正確的選擇可以把他們導向成功之路。傳道書中的這位教師卻向他們所接受到的每一樣教導發出挑戰。

順服神的決定

　　箴言書中的那些智慧者鼓勵學生要謙卑，不可把神的道路視為理所當然。

　　人心多有計謀，

　　　惟有耶和華的籌算，才能立定。（箴十九21）

但是傳道者卻說，單是謙卑還是不夠，完全順服神所決定的，這才是我們所能作的最好選擇。

　　他為自己的論點所提出的第一個証據是，**神所定的時間**。

> 凡事都有定期，天下萬務都有定時：
> 生有時，死有時；
> 栽種有時，拔出所栽種的，也有時；
> 殺戮有時，醫治有時；
> 拆毀有時，建造有時；
> 哭有時，笑有時。
> 哀慟有時，跳舞有時；
> 拋擲石頭有時，堆聚石頭有時；
> 懷抱有時，不懷抱有時；
> 尋找有時，失落有時；
> 保守有時，捨棄有時；
> 撕裂有時，縫補有時；
> 靜默有時，言語有時；
> 喜愛有時，恨惡有時；
> 爭戰有時，和好有時。（傳三1～8）

在這裏這位智慧者觀察了人生最基本的經驗和最深刻的感情，他的結論是：每一件事都有定期。從大家都要經歷的生和死到莊稼的收割，從婚姻的喜樂和約束到戰爭的痛苦及和平的追求——這位教師檢討了人生的一些正常事情。他的結論是晦暗的：

> 這樣看來，作事的人在他的勞碌上有什麼益處呢？
> （傳三9）

這晦暗的結論幫助我們明白這位傳道者的論點：人生的一切——請注意，在這段經文中他排列的方法都是二者相對的——不是人所能控制的。我們的勞碌在基本上沒有什麼益處，因為神有祂的安排。祂管制我們人生一切的事，而我們一切的努力都不能造成任何根本上的改變。

我們受到了**無法突破的限制**，這是傳道者主要的論點。他勸告我們，要順服神的決定。祂既已決定，你就接受祂為你所定的時間和計劃。**祂的計劃才算數**，因為神與我們之間的鴻溝，使我們的生活受到限制。為什麼我們一切的努力都沒有益處？他用下面的話闡明清楚：

> 我見神叫世人勞苦，使他們在其中受經練。神造萬物，

各按其時成爲美好，又將永生安置在世人心裏；然而
神從始至終的作爲，人不能參透。（傳三10～11）

我們對神的道路一無所知——這是一個困擾著我們的問
題。神控制我們的時間，卻未曾告訴我們祂如何控制，爲何如
此控制。因此我們只能在暗中行走，只能順從神所決定的去行。
對祂的旨意，我們卻全然不知，更不明白當如何與神合作。

神的道路是美好的——「神造萬物，各按其時成爲美好」
但是祂不讓我們知道祂的方法和祂的時間。這已足夠叫我們迷
糊了，祂又作了另一件事，叫我們更加倍迷糊：祂「又將永生
安置在世人心裏。」這句話很難解釋。它的意思可能是，神使
我們的心關心到將來。神叫我們對未來擁有好奇心，叫我們顧
慮到未來的遭遇，叫我們關切到自己的一生要何去何從。而對
這一切，我們又無能爲力。這就是最困擾傳道者的問題。人類
的內心都渴望知道將來；是神自己將這渴望安置在人類心裏的。
但我們無能力滿足這種渴望。這種強烈的飢渴，也不是我們所
能打消的。我們感覺到有一個未來在等着我們，我們切盼能夠
自由的創造自己的未來。可是我們卻沒有這種自由，因爲我們
一生的時間都是神所決定的。

那麼我們要怎麼辦？我們勞碌，卻得不到所願望的益處。
我們掙扎着要了解將來，卻毫無結果。若順服於神的決定，我
們能做些什麼有用的、愉快的、有意義的事？

傳道者指出了**我們有限的可能性**，作爲對這些問題的答案。

我知道世人，莫强如終身喜樂行善。並且人人喫喝、
在他一切勞碌中享福，這也是 神的恩賜。（傳三12
～13）

傳道者的結論是，我們沒有完全的自由。神保存着我們一
生的行事曆。祂親手把我們日常的時間表記錄在紅册子上，並
放在祂的桌子上。我們的任務是順服祂的決定。但這並非說，
我們應該毫無行動。我們仍然擁有一些可能性：我們可能作一
些有成果的事，我們可能創造一些自己的福祉，我們可能享受
生命。我們應該接受生命，視之爲神的恩賜而善加運用。我們
享用的飲食、起居、工作都是由神而來，它們只是代表神恩典
之一小部份而已。

我們不能擬定什麼輝煌的計劃。任何試圖創造自己未來的努力，都是一場虛空。神把我們的時間表都計劃好了，卻不叫我們明白祂的奧祕。

> 我知道神一切所作的，都必永存，無所增添，無所減少。神這樣行，是要人在祂面前存敬畏的心。（傳三14）

也許這節經文說得最好。神定了我們一生的路程，又用奧祕把它遮蓋住。這樣，我們就不會把祂視為理所當然，而會更敬畏地事奉祂，更看重我們一生的日子。

藉着信靠得自由

傳道者的結論不算壞，但也不是明朗的。我們期望的是清徹、湛藍的天空，他卻在灰色烏雲下航行。我們可能不願完全控制自己的未來，但卻希望對自己未來有更多的了解。我們也許願意把明天交託在神的手中，但卻想對這位安排我們明日的神有更多的認識。

很高興，耶穌基督降臨就帶來了這些資料。祂從一個清楚的角度，來看我們自由的問題。祂教導我們要謙卑，因為不知我們的將來如何。但是卻要信靠神，相信祂必以良善引導我們步向未來。

對傳道者而言，捆綁、束縛着真自由的，乃是神奧祕的控制，而耶穌卻從更深一層來瞭解人類的問題。祂以為我們尋求自由之所以徒勞無功，並不是因為神的決定，乃是因為我們的背逆。從伊甸園中的亞當和夏娃以來，我們人類為了貪求自由，反而失去了終生的自由。想要按我們的標準得到自由，結果反而付上了按神標準的真自由。

為此，耶穌必須先作一件新事，才能使真自由成為一個事實。「所以天父的兒子若叫你們自由，你們就真自由了」（約八36）。這件新事就是神獨生兒子的降世。我們其餘的人都是奴隸，不能叫自己得自由。耶穌以神子的身份降世。祂過去一向是，將來也永遠是真正的自由者。祂——神的自由者——有能力、也有權柄把祂的自由分給我們。

這是何等的自由，就是可以**照神的意思接受祂所賜的生命**

之自由。傳道者所說的是大約同樣的東西，只是他說得較爲冷酷。耶穌更瞭解賜萬物給人的主。祂知道神是多麼的可靠。祂勸告我們要藉着信靠神得着這自由。「你們這小信的人哪，野地裏的草，今天還在，明天就丟在爐裏，神還給它這樣的妝飾，何況你們呢？」（太六30） 主耶穌所啓示的這位神，我們可以把行事曆中的一切全部交託給祂。祂對我們的愛永不止息。明白這一點，我們就得到了自由。

祂已經打敗對我們自由的那些最黑暗的威脅，赦罪的能力已經勝過了審判的威脅。祂奇妙的復活已把死亡的毒鈎解開。在耶穌基督裏，神已經向世人彰顯出祂是一位有愛的能力，又有能力愛的神。

我們的生命在祂控制之下，我們不但不會覺得受到轄制，反而可以自由、坦然的過着每天的生活，可以自由、坦然等候明天的來臨，因爲深信神爲我們所安排的一切都是最好的。那一隻在紅册子上寫下我們行事曆的手，是一隻慈愛的手。事實上爲了愛我們，這隻手還曾被釘過哩！

那麼，不要傲慢，我們不能控制我們的前途。神能。不要焦慮！那引導我們走向未來的神，是全然可以信賴的。耶穌基督和眞心跟隨祂的人已經充份証明了這個事實。

第六章

超越虛空
——進入公義

（傳三16～四14）

張世衡　譯

我們都希望人生諸事都有個合理的結束。雖然我們喜歡愉快的結束，但我們並不敢奢求永遠如此。我們知道人生中有些故事並不是以大團圓收場：一對有情人手牽手在夕陽中漫步逍遙。我們能夠接受以悲劇結束的故事：參孫最後擊敗非利士人，也付出了自己的生命為代價；羅密歐與朱麗葉死了，他們的愛情並沒有結局；國王的馬匹和部下，雖然英勇的努力，也無法重聚矮胖人。並非所有的故事都照我們選擇的方式結束。但我們卻學會忍受輕微的悲傷。

難於忍受的倒是不公平。我們要自己的一生諸事有個合理的結束，即或結局並不快樂。仙履奇緣中的灰姑娘面對半夜時馬車復變南瓜的那種悲痛，我們還可以忍受。我們無法忍受的是，得到獎賞的不是灰姑娘，而是她繼母帶來的那位殘忍的姐姐。這種不公平的事，我們受不了。如果我們發現到在西部主持公道的大英雄蘭吉爾 (Lone Ranger) 其實是偷牛賊，或大偵探崔西(Dick Tracy)是黑手黨頭目偽裝的，那麼我們會大受震撼。

不公平既使不會叫我們噁心，至少也會使我們覺得不舒服。公平則是我們直覺上共同讚賞的美德。我們要自己的一生諸事都有合理的結束——所有的帳都算清了，所有得罪人的都受到了懲罰。如果惡人最後還得勝，我們內心會激憤、會悲哀。這世界若一再的發生這種事情，我們會忍受不了的。

我們之所以會有這種感覺，可能要歸功於聖經的影響。我們的思想被先知對公義的關注以及主耶穌對賞賜的教訓所深深薰染。我們期望人生中絕大多數的事都能有令人滿意的結束。即或那結束並不令人愉快。我們之所以如此期望，可能還有它更深一層的原因：或許這是我們裏面神的形像的一種反映。雖然這個形像被我們的罪玷污了，但它並沒有因此被消滅。它喚醒我們的良心，指責那些違反我們的正義感的人，並且我們受到不平的待遇或看見不平的事時，它會在我們裏面起反應。

審判感，康涅爾 (Edward John Carnell)，是我在福樂神學院的前輩教授，他常提到這種感覺。這是我們自己或我們親近的人受到不公平的待遇時，在我們裏面湧起的那種憤怒感。

傳道者，就是那一位觀察人生並將之記於傳道書者，對**審判感**有一種敏銳的感覺。他以銳利而持久的研究，發現有很多

人生的故事，結局並不合理。他的正義感常常受到侵犯。他的正義感是建立在他民族的聖經傳統上。他的書一開始所提到他對人生所宣判的判詞——虛空的虛空，凡事都是虛空——已從他所觀察到的，他那個社會之缺乏正義感得到了証實。

不公平的型態

　　不公平好像多頭怪獸，威脅着要毀壞傳道者的社會，並且要挖掉其公民是非感的根基。欺壓弱者，野心者彼此之間的嫉妒競爭，以及飛黃騰達者的貪求無饜，就是「不公平」踐踏全國的三種型態。

　　欺壓弱者經常是以法院和政府機關為中心。傳道者開始指責的就是這種政治性的欺壓：

> 我又見日光之下，在審判之處有奸惡；在公義之處也
> 有奸惡。（傳三16）

我們可瞭解到那位智慧者是如何的氣餒。不良少年破壞校舍、偷汽車，這些行為雖然不好，我們還可以容忍。但是，如果少年法院的法官判案隨心所欲，漫無標準，或接受賄賂，對犯人作有利的判決，這乃是我們所無法容忍的。犯罪組織猖獗，我們還可用強硬的手段加以撲滅。如果連警察當局都不能守正不阿，老百姓還有誰可以倚靠？

　　經濟欺壓是伴隨着政治的不公義而來：

> 我又轉念，見日光之下所行的一切欺壓。看哪，受欺
> 壓的流淚，且無人安慰；欺壓他們的有勢力，也無人
> 安慰他們。（傳四1）

這樣的敍述是很可憐的！傳道者根據其淵博的學問和豐富的經驗，歸納出一個無可反駁的結論——我們的世界（「日光之下」）到處有欺壓的事，而很少有人站在被欺壓者的一邊，幫助或安慰他們。

　　傳道者的時代距離以色列開國時的黃金時代甚遠。對窮人、寡婦、外人及孤兒的關懷精神早已消逝。取而代之的是從腓尼基人和其他的人那裏學來的，高度組織化和商業化的社會結構。顯然他的時代是一個富者愈富，而窮人則要加倍勞碌才得餬口的時代。工資低，工作時間長，權益少，受欺壓的人除了哭泣

之外，沒有別的方法可以表達自己。而除了同受欺壓的人之外，沒有人來擦去他們的眼淚。

傳道者對這些在法院和市場上受欺壓者的命運所作的估價是悲慘的：

因此，我讚歎那早已死的死人，勝過那還活着的活人；
並且我以爲那未曾生的，就是未見過日光之下惡事的，
比這兩等人更強。（傳四2～3）

用這方法解決問題何其極端——寧可去世或不出世，也不要受這種欺壓。這一個嚴厲觀察者所發出的，是何等的同情呼聲——窮人的泣聲必然已傳入了他敏感的耳裏。

野心者彼此間的競爭是另一型態的不公義：

我又看見人爲一切的勞碌，和各樣靈巧的工作，就被鄰舍嫉妒。這也是虛空，也是捕風。（傳四4）

先前智慧者已探索過工作的問題。他作了這樣的結論：勞碌工作並不能產生那些教師們經常對學生應許的那種結果。但在這裏他探索得更深一層。他揭露了我們努力工作的動機很多是出於嫉妒。

這是一個痛苦的觀察。他這樣一講，就拆下聽衆們的假面具，無疑的是把他們嚇壞了。原來他們聲稱，他們勞碌的動機是善良的——爲了愛他們的家人，爲了關心他們的社會，爲了服事他們的神。傳道者稱，這些都是他們的自圓其說，事情的眞像是，我們之所以努力工作，是爲了趕上或超過我們的鄰舍。

想一想，因爲嫉妒可能驅使我們去行的種種不公義的事。我們可能用不軌的方法剝奪了鄰舍的權利，怨恨他們的成就，破壞我們自己的品格——這一切都是假「得勝」之名而行的。這樣的嫉妒競爭，會把我們社會的結構破壞無餘。正義感的表現乃是關懷他人的福祉。而嫉妒競爭會使關懷他人福祉的精神盪然無存。這也就是爲什麼智慧人把我們絕大部份的勞碌視爲：虛空、徒勞、捕風。

勞碌會引起這樣的痛苦和競爭，那麼它的價值果眞有某些人所認爲的那麼高嗎？傳道者引用了一句勸人努力工作的名言：

愚昧人抱着手，吃自己的肉。（傳四5）

這句話的意思是：懶惰是自我毀滅，傳道者用他自己所作的箴

言來回答這問題。他說，平安和諧遠勝勞碌：

> 滿了一把，得享安靜，強如滿了兩把，勞碌捕風。
> （傳四6）

飛黃騰達者的貪求無饜是不公平的另一種型態：

> 我又轉念，見日光之下有一件虛空的事。有人孤單無
> 二，無子無兄，竟勞碌不息，眼目也不以錢財為足。
> 他說我勞勞碌碌，刻苦自己，不享福樂，到底是為誰
> 呢？這也是虛空，是極重的勞苦。（傳四7～8）

追求成功、追求物質，有它驚人的驅使力，它可以使我們
早早起床，遲遲才離開工廠或辦公室。有些人早已可以溫飽，
卻還拼命追求更多。

這樣的貪求無饜會造成不義，除非他拿傳道者的話自問：
「我勞勞碌碌，刻苦自己，不享福樂，到底是為誰呢？」神賜
下物質的目的，不是要使富者更富。這些物質是為着要供應神
所有百姓的需要。努力積貯財物的同時，要想到與別人分享。
否則，必然造成不義。有創造力、有精力、又有機會的人勢必
能積存許多的財富，而其他的人則可能正在那裏作乞丐行乞。

結果會造成兩方面的破壞。那些富有者為了獲得更多，而
付出他們的健康和安寧為代價；那些沒有的，則痛恨嫉妒那些
富有的。對兩方面而言，那結果都是虛空，他們一生諸事都不
能有美好的結束。

生活所提供的藥方

不論智慧人往那裏看，到處都滿了不義：它叫司法的制度
癱瘓了。市場原是為造福人類的，它卻使之成為你爭我奪之處。
它惡化了有抱負者的動機，雖然有這些不義之事，但是神並不
睡覺。傳道者銳利的眼光看到一些有效的藥物。這些醫藥正在
抑制不義的滋長。

合作的力量是這些藥物之一。這位智慧人對此力量的描寫
已成了公認的名言：

> 兩個人總比一個人好，因為二人勞碌同得美好的果效。
> 若是跌倒，這人可以扶起他的同伴。若是孤身跌倒，
> 沒有別人扶起他來，這人就有禍了。再者，二人同睡，

就都煖和。一人獨睡怎能煖和呢?有人攻勝孤身一人,
若有二人便能敵擋他。三股合成的繩子,不容易折斷。
(傳四9~12)

從婚姻制度到合作事業,歷代以來人人都體驗到這段話的
眞理。神所賜給我們解決受欺壓、貧窮、孤單和不義的方法之
一,是和別人合作。

從經驗學到的功課是生活所提供,用來醫治不義問題的另
一種藥物。根據傳道者的說法,經驗教訓我們,那些濫用權力
的人至終必失去他的權力,並且被遺忘。傳道者擧了一個實例:
一個國王出身貧寒,但作王有權勢之後,他似乎忘記了過去的
卑微,自私而愚昧地濫用他的權勢。結果,他的權勢沒落,不
管過去有多少人稱他爲國王,他還是被人遺忘了:

他所治理的衆人,就是他的百姓,多得無數。在他後
來的人尙且不喜悅他。這眞是虛空,也是捕風。(傳
四16)

就如貝多芬起先稱讚拿破崙,後來因拿破崙的殘忍、自大
和濫用權力,轉而輕視他。經驗教訓我們,生活本身將刑罰那
些爲達到自己野心而傷害別人的人。然而除此以外,**神審判的
事實**也是生活所提供最有力的藥物。傳道者看到了審判是神對
付人類的驕傲的方法。那些被神審判的人,他們死像畜牲一樣。
我們是出於塵土,也必歸回塵土:

我心裏說,神必審判義人和惡人。因爲在那裏,各樣
事務,一切工作,都有定時。我心裏說,這乃爲世人
的緣故,是神要試驗他們,使他們覺得自己不過像獸
一樣。因爲世人遭遇的,獸也遭遇。所遭遇的都是一
樣。人不能强於獸,都是虛空。(傳三17~19)

願不義的人受警惕,也願我們都謙卑下來。人生最後的判
詞乃是出於神,祂已保証所有的事最終都將公平解決。對任何
一方面,包括祂自己,都公平。

耶穌所立的榜樣

傳道書所發出這種要求公義的低沉而悠長呼聲,已被耶穌
承繼,並且祂的聲音更加響亮、更具希望。祂所立下的榜樣指

示了我們對付生活中不義的事情的一個最佳方法。

只要可能，祂不只是為生活中的錯誤而悲傷，祂更為此採取行動。想一想，聖殿裏那些兌換銀錢的人，他們竟然在向神祈禱之處，欺詐那些崇拜者。耶穌就用鞭子鞭打他們、又罵他們、把他們趕出院外；當環境不容祂有所改變時，例如祂之被釘十字架之事，祂就忍受那不公平的待遇，同時也為那逼迫祂的人禱告。

這兩者都是出自愛心的行動。祂關心人的利益，人的救恩。這使祂在一方面採取堅定的干預行動，在另一種情形下，則極力代求。

祂並沒有寬恕不義，或對它感到絕望。祂所採取的是以能力和愛心對付它。祂知道它的問題之所在，並且設法幫助加害者及受害者的兩方面。

在這兩種情況下祂都是審判者。祂具有這種權力。祂是父神所設立的審判者，現在及未來我們都要在祂面前交帳。（徒十七31）

虛空是古時這位智慧者所用來描述這充滿不義的世界的字眼。他知道「日光之下」的制度是不可靠的。

這個我們也知道，但我們知道的更多。我們知道神正在帶領祂的百姓超越「虛空」，進入關懷人生各方面的公義。除此之外，我們個人認識那位將要審判各種不義的主。並且知道祂將要使人生諸事都有個合理的結束，這乃是我們所熱烈期望的。

第七章

超越虛空
——進入崇拜
（傳五1～7）

葉裕波 譯

批評家常常惹我們討厭，他們的見解往往都顯得嚴厲和專橫；他們的判斷帶著諷刺，有時會刺傷我們。但是我們不能沒有他們。

當評論者在電視螢幕上出現的時候，我們會用帶着疑問的眼光斜看他們。當他們對時下音樂和藝術發表評價時，我們或許會聳聳肩膀懷疑的說，「他們憑甚麼分別好與壞？他們又怎能指定我們其他的人應該喜歡甚麼東西？」

雖然他們惹我們討厭，但是他們卻能幫我們的忙。藉着報導一個吸引人的藝術展覽，他們告訴我們如何消磨一個有意義的週末。他們不留情的批評一齣無意義的話劇，或一本拙劣的書，可以省去了我們浪費時間，自己去發現它們。試問誰願浪費一整個晚上去聽一個低半音的女高音，或聽一個走調男高音的音樂會？判斷能力強的批評者往往可以替我們解決這問題。

進一步而言，他們的評論工作如果作得好，也可以使我們得到造就，我們可以開始感受到偉大音樂與平凡曲調的分別，精緻的戲劇和拼湊之表演的不同，一首打油詩和優美詩章的差異。隨便濺潑的油墨和出色油畫之歧異，一個娛樂性的冒險故事和能影響生命之小說的差別。這些批評者可以增強我們對美的認識，豐富我們的想像力，並擴大我們對生命的欣賞。他們着實幫我們不少的忙。因着他們的工作我們也相應地進步了。

有些時候，批評者對我們的貢獻可不止此。我想到的不單是那些**藝術的**批評家，還有那些我們**社會的**批評家。他們的工作就是分析社會的趨勢，和指出社會的毛病。他們在多方面從事他們的工作。消費者協會的專家們，指出廣告和商業行為上的毛病；社會批評者，提醒我們注意道德的傾向；婚姻輔導員，分析我們對家庭態度的改變，及其對我們國家穩定可能有的影響；政治新聞從業員，查看政府人員的行為，揭露他們的弱點；幽默作家則指出我們錯誤的態度之所在。

這些批評者有時會惹我們討厭，但我們實在需要他們，他們指出我們的偏見、揭露我們的弱點、向我們發出危險的警告。為要引起我們的注意，他們有時過份強調和誇大其詞。但試想若沒有了他們，生命會變成甚麼樣子？我們會欺哄自己，也被人瞞騙，即或這些批評者過度的誇張，態度傲慢自大，但他們

實在對我們的社會提供了寶貴的貢獻。

傳道者的貢獻恰是如此，他的批評嚴厲尖銳，但卻帶着建設性。他的社會正需要他所說的話。當時他們過份高估智慧的價值，甚至想用它來控制神；他們沉溺於享樂，希望藉此以尋求生命的真義；他們歪曲公義，剝奪貧苦和受欺壓者應有的權利；他們又過度利用自由，甚至忽視神旨意的奧祕，作出搖撼生命的決定。傳道者所指責的，就是他們這種虛空的生活方式。他用尖銳的筆尖戳破他們那虛幻希望的氣球。

失了味的宗教

他們宗教上的行為逃不過他銳利的眼目。普通的智慧人都把祈禱、獻祭、許願、和禮儀的事，留給那些在聖殿中任職的祭司去管。但這位傳道者卻不如此。他憎惡那假冒的宗教虔誠一如憎惡那些自恃智慧、虛幻的享樂、歪曲的公義和濫用自由的人。

明顯地，百姓們對神所吩咐的獻祭，存着一個機械式的態度。他們大量地獻祭，又注重詳細的細節 ˙；可惜，他們卻忽略了那更深的意義，那獻牲畜最基要的目的：「**聽命於神勝於獻祭**」。這是傳道者對他們說的話：

你到神的殿，要謹慎腳步；因為近前聽，勝過愚昧人

獻祭，他們本不知道所作的是惡。（傳五 1 ）

「愚昧人的獻祭」是無意義的獻祭。他們遵行禮儀，卻忽略其真義。但到底神要求獻祭有何基本目的呢？那便是與神相交。所以，獻祭主要是為了人的需要：有悔改的心，它可以帶來赦免；有感恩的心，它可以表達獻祭者真誠的感恩；神賜下特別的恩惠，它亦可以用來還願，獻祭是神的百姓宣告他們對神完全倚靠的工具。「近前聽」、「對神專心」，獻祭若要有意義，這是不可少的必備條件。

到底傳道者的同胞們作了什麼錯事呢？原來他們把獻祭當作魔術一般，他們以為神要的是獻祭的血和香氣；但他們卻忘了獻祭的真正要素是屬於心和靈的，他們似乎忘了詩篇上的話說：

祢本不喜愛祭物；若喜愛，我就獻上；燔祭祢也不喜

悅。神所要的祭，就是憂傷的靈；神阿，憂傷痛悔的心，祢必不輕看。（詩五十一16～17）

他們實在需要再一次聽撒母耳對掃羅所說的話：

「聽命勝於獻祭，順從勝於公羊的脂油。」（撒上十五22）

一個失了味的宗教需要嚴厲的批評，傳道者就毫不猶豫地發出了這樣的批評。

這位智慧者所發出的第二個批評和第一個批評有很密切的關係。不單聽命勝於獻祭，而且，**簡潔的禱告更勝過華麗的禱詞**。

你在神面前不可冒失開口，也不可心急發言；因為神在天上，你在地下，所以你的言語要寡少。（傳五2）

在此，傳道者希望再提醒他的聽眾，告訴他們，偉大的神能看穿任何華麗的禱詞。因此，胡亂的允諾，不實踐的委身，無謂重複的話，都要避免。

禱告乃是人對那位奧祕之神的嚴肅談話。在人與神之間的巨大鴻溝需要我們用嚴肅的心靈來溝通，而不是華麗的禱詞；我們祈禱時音量的大小、口才、或祈禱的次數，亦不能對神產生任何的影響。我們不能用任何方法控制神，叫祂應允我們的禱告。祂所願意聽的乃是出自那些虔敬神和向祂求助者的單純、誠懇、簡短的話。至於其他的方式都是虛幻如作夢一般。傳道者用一個箴言解釋這一點：

事務多就令人作夢，言語多，就顯出愚昧。（傳五3）

一個失了味的宗教就會容許虛空、夢囈一般的空話代替了真正的祈禱。難怪傳道者沉痛的指出他們在這方面的虛空。

這位傳道者最後的批評，是百姓們對神的魯莽許願，他說：**「忠誠地償還所許的願，勝過浮躁的允諾。」**以下是祂的勸告：

你向神許願，償還不可遲延，因祂不喜悅愚昧人，所以你許的願應當償還。你許願不還，不如不許。（傳五4～5）

許願在以色列人生活中佔一個重要的地位。許願是表示他們對神強烈需求的方法之一。尤其在緊急時，他們用許願來加強他們的祈求。例如一個不育婦人渴望生子，一個驚恐的士兵

受到敵人的攻擊，一個無辜者被控犯了重罪，他們可能都會向神許願說，倘若神救他們脫離苦境，他們會獻上特別的祭。

許願是非常容易的事情，但還願卻很難！傳道者所指責的就是這種傾向。明顯地，有人要賴着不償願，便到祭司（原文作「使者」）面前說是錯許了。所以傳道者警告他們說，不可這樣作，否則會受到神的審判。他用的話很嚴厲：

> 不可任你的口使肉體犯罪，也不可在祭司面前說是錯
> 許了，為何使神因你的聲音發怒，敗壞你手所作的呢？
> （傳五6）

這位傳道者也是一位良善的智慧者，他接着引用一句箴言：

> 多夢和多言，其中多有虛幻，你只要敬畏神。（傳五
> 7）

空洞、雜亂、狂妄的話，在夢中說可能沒有多大關係，但在崇拜中卻不可以。我們與神的關係應該是穩重的、欽敬的、和敬畏的，「你只要敬畏神」，絕不是輕率的許了願，事後可以用欺騙方法背棄誓言的。

我們現在應該已知道了傳道者所要傳達的信息。他指出我們必須以無條件的慎重態度待神。不但如此，他說，他的同胞們在這方面犯了錯。一如大多數的批評者一般，他只能指出他們的過錯，而未能幫助他們。很多批評者都能指出名歌唱家某一夜演唱時的缺點，但沒有任何批評者可以唱得他那麼好。社會的分析家們亦只能推測出社會的潮流趨勢，而不能領導社會走上安全的途徑。

有生命力的宗教

宗教變了質，宗教的儀式取代了真正的崇拜的時候，單是批判是不足夠的。耶穌有一句極有力的話正說出了這個需要：

> 時候將到，如今就是了，那真正拜父的，要用心靈和
> 誠實拜祂，因為父要這樣的人拜祂。神是個靈，所以
> 拜祂的、必須用心靈和誠實拜祂。（約四23～24）

在此耶穌道出了問題的中心，我們之所以要嚴肅地崇拜神，是因着神的本性使然。神是靈，祂的位格是終極和無限。我們天上的父親渴求與祂的百姓相交，祂要的不是空洞的表記或虛

妄的行為。虛假的崇拜等於是對神一種侮辱，一如醜行對妻子或丈夫的不是。其嚴重程度，寧可賄賂法官，也不可向神發出空洞的言語；寧可掌摑一位警官，也不可用無意義的態度去尋找神；寧可在法庭發假誓，也不可違背你對神的誓言。神所要求和喜悅的乃是靈裏的敬拜和全心的順從。

為了說明其含意，耶穌在此比傳道者更進一步，**祂帶領人超越聽，進入憐憫人的行為**。耶穌駁斥那些敵對祂的法利賽人時，祂提出了「憐憫更勝於聽命」的道理：「經上說：『我喜愛憐恤，不喜愛祭祀。』這句話的意思，你們且去揣摩，我來，本不是召義人，乃是召罪人」（太九13）。就如傳道者那時代的人一般，有些法利賽人以為靠他們獻祭的功勞可以取悅神；他們沒有照傳道者的話近前留心聽神。倘若他們留心聽，他們就會聽見神呼喚他們向別人施行憐恤。就如耶穌那樣，把好消息傳給那些稅吏和犯法的人。耶穌在此提供一個有生命的崇拜來代替那已失了味的宗教，就是要向別人施行憐憫和仁慈。神本性是憐恤的，所以祂一定要人行憐憫。

耶穌亦教導人祈禱的功課。**祂帶領人超越簡潔的祈禱，進入全心倚靠那位慈愛的父親**，這是祂對我們的教導：

你們祈禱的時候，不可像那假冒為善的人，愛站在會堂裏，和十字路口上禱告，故意叫人看見⋯⋯你們禱告，不可像外邦人，用許多重複話，他們以為話多了必蒙垂聽⋯⋯因為你們沒有祈求以先，你們所需用的，你們的父早已知道了⋯⋯所以你們禱告，要這樣說，我們在天上的父⋯⋯。（太六5，7～9）

在這裏有一個明顯的對比：傳道者因為神的尊嚴，警誡人禱告時要言語寡少。（因為神在天上，你在地下）；但耶穌的勸告卻是因着神的憐憫。那位慈愛的父親是值得我們信任的。祂知道我們的需要，也要叫我們得滿足。耶穌使我們可以不用那失了味的宗教，而用具有生命的方式崇拜這位父親。

耶穌亦教導我們遵守所許的願。**祂帶領信徒超越忠心守約，進入內心坦誠**，「⋯⋯你們又聽見有吩咐古人的話，說：『⋯⋯所許的誓，總要向主謹守』只是我告訴你們⋯⋯你們的話，是，就說是；不是，就說不是（太五33～34，37）。不要起誓，

即使嚴格遵守也不可，這是耶穌的新教訓；只要簡單而肯定的說，是，或不是。因爲不實的順從神根本就不需要誓言來作支持，這就是有生命力的崇拜所結的果子。

我們在此聽到了兩種的說法，我們的社會兩種都需要聽：批評者的警告和救主拯救的話。教會的聚會與活動代替了聆聽神的聲音、禱告變成了自私的祈求、或困難時向神許願，事情一過就忘得一乾二淨，在這些時候，我們尤其需要這樣嚴厲的警告。

但是，我們所需要的不單是嚴厲的警告，我們更需要有力的拯救。那位從父而來，又將父表明出來的，已經爲我們成就了拯救。祂已指出具有活力的事奉的道路。不止此，祂自己成爲那條道路。

第八章

超越虛空
——進入豐富

（傳五10～六8）

詹正義　譯

　　電視上正播映那個有獎遊戲節目。我一面看着那個金球從這邊跳到那邊，一面在想着一個人生的基本問題。那個跳動的金球，對那些參加比賽的人就是金錢。每跳動一下就是兩百元美金。我看到那些觀看這個節目的人，緊張尖叫時，心裏在想。我看到那些參加比賽者在雀躍，在歡呼時，心裏也在想這個問題。

　　我在思想的問題很簡單：為什麼我們覺得獲得財富是如此的令人興奮？那個跳動的金球，實際上並不能改變那些參加比賽者的生命。它不能醫治疾病，不能解決婚姻問題，不能保証他有一個安定的職業。可是，看到人對它那種興奮的樣子，好像上面那三個問題，有了它都好解決。那些現場觀衆也一樣，他們如癡如狂看着那個金球的動態，好像贏了錢，天下就可以太平。一般在家中觀看電視的人也一樣。他們經常生活在同樣的追求財富情況下，他們看比賽者贏多少錢，也和他們一同興奮、惋惜。立即致富——想想看，它對人心，人手有多大的誘惑力。為了它，海盜攻擊滿載珠寶的船；為了它，探礦者不辭辛勞，趕着驢子穿山越嶺；為了它，西班牙的征服者乘船而來，屠殺了大批的印第安人；為了它，許多人到拉斯維加斯賭場去；為了它，許多人按期買獎券，參加抽獎活動。

　　為什麼？為什麼人都貪求財富，好像沒有人能例外？可能是因為人把財富看作權力。有人認為，有了財富就有能力創造更多的財富。往往我們看到報紙上報導說，某某人投資成功，賺了大錢。我們會如何想？「那是錢賺錢。」有的人則認為，有錢能使鬼推磨。洛杉磯貧民區中，有一次發生一次槍鬥案，有六個人被殺死了。有人問住在當地的一位婦人，為什麼三藩市報業鉅子之女赫斯特小姐的案子，轟動一時，最後卻在不流一滴血之下解決了，而她那個地區竟為了一件小事死了六個人。她的回答很簡單：「有錢人家好辦事哇！」

　　我說這些並不是鼓勵人追求財富，而是要讓我們明白，為什麼財富對那些沒有錢的人有那麼大的吸引力。在聖經世界中，許多人不只認為財富可以有能力創造更多的財富，不只認為有錢人家好辦事，他們還把財富看作是蒙神賜福的記號。不是嗎，聖經中許多顯赫人物都積蓄了大量的財富。隨便提幾個人吧！

亞伯拉罕、雅各、約瑟、大衛、所羅門，都是很富有的。有些箴言說，義人必可得財富：

> 義人家中多有財寶，
>
> 　惡人得利反受擾害。（箴十五6）

再看：

> 善人給子孫遺留產業，
>
> 　罪人為義人積存貨財。（箴十三22）

　　無疑的，像這樣的話會使人追求財富，以表現自己是多麼蒙神賜福，而不會使人去追求公義，等到神的時候到了，才享受興旺。就是因為人們如此瘋狂關懷物質的追求，所以傳道者在這方面講了一些很重的話。

追求物質的必然挫敗

> 　　貪愛銀子的，不因得銀子知足。貪愛豐富的，也不因
>
> 得利益知足。這也是虛空。（傳五10）

這位傳道人表明，把追求物質當作人生最主要抱負的，終必挫敗。這節經文是他在這方面所講一系列教訓的開始。**財富不能叫人滿足**，他首先指明這一點。

　　人心是無底坑，有了總是還要再多有，得到了總是還要得更多。很少人學會節制，說，「夠了，我不再需要了。」假如我們追求財富，是因為缺乏安全感，財富本身並不能給我們帶來安全感。假如我們拼命賺錢，為的是要滿足權力的慾望，有了錢也不能打消那慾望。許許多多人追求物質，再多的物質也不能叫他們滿足。他們基本需要早已足夠，可是他們還是希望得到更多。他們所有的，早已足夠一生安穩享用，可是他們還是追求。他們所要的一切豪華享受，早已一無所缺，可是他們裏面總是癢癢的。

　　徒勞、虛空，這就是他們的一生。這些人本來可以好好享受，但是因為他們想的是，接下去要得到的是什麼？結果他們的生活就像被烏雲所籠罩。原來應該為目前所享的福而感謝，卻因恐怕明日會失去的心情而蒙上陰影。一切施捨救濟的事可能被束之高閣，因為富有的人所關心的，不是如何幫助別人，而是接下去他可以得到的是什麼。

　　我和一位朋友討論，如何請某一個人爲福樂神學院奉獻。我那位朋友很直截地說，「你別想從他得到什麼。如果要他奉獻，只有等到他死後去找他的未亡人才有可能。」對於這位朋友的快人快語，我有點驚訝。那位朋友接着說，「這個人認爲金錢就是權力。他一生就是買東西，買土地。他的生活方式就是得、得、得。從心理上來說，這個人不可能付出什麼的。」眞令人洩氣，後來事實証明，我那位朋友的話一點不假。這位勤勞、節儉的先生，正好應了傳道者的話：他愛錢，卻從不因錢而得到滿足。

　　　貨物增添，吃的人也增添。物主得什麼益處呢？不過
　　　眼看而已。（傳五11）
這是這位傳道人所提出的第二個証明，表示追求物質是一種挫敗的生活方式。**財富會吸引閒懶的跟隨者**。你有錢的消息一傳開了，以前不願和你結交的人，早已失去連絡的親友，不知道從什麼地方，一個接一個又冒了出來。即使這位傳道者置身於今天我們這個有高度組織、複雜、商業社會，他也會發現，待客之道、親戚關係的傳統並未失去。親友仍然想從富有的人分一杯羹。這樣的情形往往會叫富有的人很煩。

　　　箴言書中的智慧者，把富人所得的友誼看得比較積極：
　　　好施散的，有多人求他的恩情，
　　　愛送禮的，人都爲他的朋友。
　　　貧窮人弟兄都恨他，
　　　何況他的朋友、更遠離他。（箴十九6～7）
這位傳道者說，像這種情形至多只能稱爲複雜的恩惠。朋友和親人都是繞着財富轉的，他們叫那富人困擾，用光了他的財富。我們常常讀到有關運動明星的消息。就以拳擊明星來說吧，在他們黃金時代，許多人圍着他們團團轉，分享他得到的財富。可是，等到他們日暮西山的時候，人也去了，心也碎了。財富本身就可以給人帶來挫敗。這是這位傳道者看得清清楚楚的。

　　　勞碌的人，不拘吃多吃少，睡得香甜。
　　　富足人的豐滿，卻不容他睡覺。（傳五12）
接着他又更進一步說，財富不但不能叫人滿足，不但只能招來酒肉之交，**財富更能增加人的愁煩焦慮**。傳道者在這裏所說的

愁煩，並非因他管理這些財富的重責而來的，而是因為使用這些財富所造成的後果。五彩繽紛的酒會、豐盛的食物、高等的生活，這一些都不能叫人輕鬆。有了財富就放縱聲色；有了名聲就樹大招風。這一切都會叫人無法睡得香甜。而人睡不好覺的話，人生中任何美好的東西都無法真正去享受。失眠病發生在華廈大樓的可能性比發生在破茅屋更大。財富可能帶給人不同方式的挫敗。而叫人睡不着覺可能是這些挫敗之中最令人苦惱的。

財富很容易消失。這位傳道者接着所講的是這一點。他在這一點上用了最多的時間。他在這一方面的智慧乃是從他個人觀察人生而得的。

> 我見日光之下，有一宗大禍患，就是財主積存貲財，
> 反害自己。因遭遇禍患，這些貲財就消滅；那人若生
> 了兒子，手裏也一無所有。（傳五13～14）

我們每一個人都可以為上面這段話舉出一些真人實例。得到金錢通常都和危險有關。有一些人因為石油而發了大財。有些大公司因而建立起來。有些大家族，像洛克斐勒 (Rockefeller)、韓特 (Hunt)，他們都是因為投資石油而致富的。可是，想一想，他們鑽了多少口空井。可能他們每鑽四口井才能有一口出產石油。他們在探油工作上所花費的錢可能比所賺的還要多。

投資很少不冒大風險的。証券市場、期貨交換、房地產，樣樣投資都要冒險。有了財富就會驅使我們去追求更多的財富。這是這位傳道者所指出的第一點。他接着又指出第二點，財富很容易消失。他說，我們為了追求更多的財富，就必須冒險，而這一冒險可能就會叫人失去一切所有，而我們整個家人都要成為貧民。

> 他來的情形怎樣，〔即赤身而來〕，他去的情形也怎樣，
> ………他為風勞碌有什麼益處呢？（傳五16）

所以，想要把一生建立在財富上，可能會叫你嘗到挫敗的滋味。

最後，這位傳道者又根據自己的觀察，為所說的那些話加上另一個証明：

> 我見日光之下有一宗禍患，重壓在人身上，就是人蒙
> 神賜他貲財、豐富、尊榮，以致他心裏所願的一樣都

不缺，只是神使他不能吃用，反有外人來吃用。這是
虛空，也是禍患。（傳六 1～2）

這位傳道者在這裏所指的，是那財主死亡，或是錢財被人騙取
一空？他沒有明說。不過，這兩種情形都可以叫那個人不得享
受那些財富。

某一個人發明了一項新產品。他請另一個人和他合夥，發
展推銷那樣產品。不久之後，那位合夥人就把他發明的專利權
騙走了。一個人畢一生精力，努力建立某種事業，正當營業開
始發展之際，死亡臨到了。這位傳道者心中想到的就是這一種
叫人苦惱的事。對於那些把追求財富當作人生最主要目標的人，
這一些挫敗對他們是嚴肅的警告。這些挫敗之中，有一項是：
財富可以很容易從我們身上被取走。我們看電視機上那個金球
跳動時，一定要記住這些警告。無論是即刻致富或是長期累積
而得的財富，都不能叫人真正得到快樂。追求它而得不到，會
叫我們的挫敗感更加尖銳。

尋求屬靈財富的滿足

這位傳道者對這些問題最好的回答是：我們應該享用我們
的財富，不要設法積貯：

我所見為善為美的，就是人在神賜他一生的日子吃喝，
享受日光之下勞碌得來的好處。因為這是他的分。（傳
五18）

這個建議不錯。它提醒我們，我們所有的一切，乃是出於神所
賜，是神所造，並且供給我們的。如同祂所造的一切都是美好
的，祂賜給我們的也都是好的。我們不要輕視、不要拒絕神所
賜的，我們應該享受它。

但是，我還要補充說明。和往常一樣，在這方面我們可以
從耶穌得到所需要的教訓。耶穌是比所羅門更聰明的智慧者。
知足比財富更能叫人滿足，這是耶穌所要說的話。這句話是真
理，這可以從祂的實際生活看出來。雖然連枕頭的地方都沒有，
但是祂可以過一個滿足的生活，因為祂知道祂的天父必供應祂
一切所需。無論是遭受那些猶太人領袖們卑鄙對待之時，或是
受那些讚賞祂的富有人家山珍海味款待之際，祂都把自己所傳

的實際生活出來：「所以不要憂慮，說，『吃什麼？喝什麼？穿什麼？』……，你們需用的這一切東西，你們的天父是知道的」（太六31～32）。

遵行神的旨意比獲得財物更重要。這句話也是耶穌用來引導我們，叫我們超越追求財富所招致的虛空和挫敗。祂使用一個比喻，就是那一個擁有許多土地又建造大穀倉的財主的比喻，就把這個教訓清楚表達了。神破壞了他的計劃，並且責備他「『無知的人哪！今夜必要你的靈魂，你所預備的要歸誰呢？』凡為自己積財，在神面前卻不富足的，也是這樣」。（路十二20～21）

「在神面前富足」——這句話充份描述了神要我們走的方向。我們不要在人生的那顆跳動金球面前雀躍歡呼，貪求即刻致富。我們要存着感謝的心，領受神所賜給我們的，並且照神的旨意使用它：就是用於維持適合我們的生活水平，和忠心服事的事工上。

如果我們這樣作的話，耶穌的第三句話也將在我們的生命中成為真實：**遵行神的旨意帶來最大的財富**。曾經有一次，彼得和其他的門徒在懷疑，他們離開家庭、放棄工作跟隨耶穌，這樣犧牲是否值得。

耶穌說：「我實在告訴你們，人為我和福音，撇下房屋，或是弟兄、姐妹、父母、兒女、田地、沒有不在今世得百倍的，就是房屋、弟兄、姐妹、母親、兒女、田地，並且要受逼迫，在來世必得永生。」（可十29～30）

就以投資來講吧！耶穌保証門徒可以得利百倍，並且不必冒風險，只有逼迫除外。因為神是報償的保証人。就以財富來講吧！在耶穌所應許的利益——永生——面前，那顆可以叫人立即致富的跳動金球，不過是一個小玩意兒而已。看看祂的恩典——不是我們所得的財富——我們可以超越這地上財富所帶來的挫敗，進入和神相交的那種完全滿足的豐盛裏。不但將來，現在就可以享受這種豐盛。

第九章

超越虛空
——進入希望
（傳六9～七29）

編輯部同工　譯

　　這句話可能是我們所聽見過的，最冷酷的話。外科醫生推開候診室的門，他藍色的袍子上沾了一片一片的汗漬。他的腳步慢慢停住，眼睛木然，用遲疑的聲音說，「沒有希望。」

　　小兒科醫生俯身在育嬰室的保溫箱之上，用聽診器在那小小的胸膛上聆聽。父母緊緊地把他們的臉孔貼在育嬰室外的玻璃窗上，無助地向內觀看着。醫生緩緩地站直了身子，把聽診器取下掛在頸上，他搖搖頭，作那句可怕的最後宣告，「沒有希望。」

　　這句話衝激人的耳朵，使人的腦子發昏。每一天，在各個醫院裏我們都可以聽到這句話。可是，對這句話我們不可能聽了而無動於衷。沒有希望的生命所帶來的創傷，遠超過人類精神所能負擔的。

　　就是因為這個理由，舊約那位傳道者所傳的信息，會給他的聽者帶來那麼大的震撼。就像一個內科專家，他把一把人類的脈膊，聽一聽胸部，檢查眼睛，讀一遍病歷卡，然後嚴肅的宣佈，「沒有希望。」

觀察生命和放棄希望

　　就像他經常所作的，這位教授先提出結論，然後才作說明。這一次他引用了一句箴言：

> 眼睛所看的，比心裏妄想的倒好。這也是虛空，也是
> 捕風。（傳六9）

英文有一句俗話說，「手中一隻鳥勝過林中的兩隻。」可能和這句箴言的含意最為接近。滿於現狀——你的工作、你的食物、你的家庭。不要好高鶩遠，期望那些你所達不到的東西。你眼睛所看到的不能算數，你心裏所渴望的可能沒辦法得到。

　　這位傳道者必然把這節經文應用於他朋友們所追求的那些東西上。他曾經警告過他們，不要浪費你們的生命，去追求意義、智慧、享樂、自由、永恒、公義、和財富，這一切都超越了你所能把握得住的。他也同樣把這一節經文應用於「希望」這個題目上。他贊同這樣的觀察：「希望」永遠都是由人的心裏產生的。可是他立刻加上一句話，這樣的希望也是虛空的。生命並不會因它而有改善。我們所有的希望都是建立在虛幻的、

不眞實的、假的觀念之上。他說，你觀看生命，放棄希望吧！

未來太神秘了，怎能鼓勵人有希望?他如此開始他的論點：
> 人一生虛度的日子，就如影兒經過，誰知道什麼與他
> 有益呢?誰能告訴他身後在日光之下有什麼事呢?（傳
> 六12）

神秘的未來意味着不穩定的現在。假如我們不知道自己最終的
目標何在，怎能肯定現在走的路是否正確？假如我們不能知明
日生命將如何，怎能決定今日作什麼事對我們才是好的？

「沒有希望！」傳道者搖搖他的頭說。不要浪費時間夢想
那玫瑰花般的未來。只要享受現在的生命。你所不知道的，對
你不會有傷害、除非你的假定比它的實際好，如果你如此假定，
那麼你注定要失望的。

一個神秘的未來已經足以使人對未來不敢有所希望。而死
亡的必然臨到，更是給人當頭澆了一盆冷水。**死亡必然臨到，
所以根本不可能有希望**。這裏，傳道者又回到了那個熟悉的主
題——死亡的事實把人類的樂觀主義塗黑了，把人類的一切計
劃粉碎了，也喚醒了人類一切的美夢。傳道者選擇了一個令人
訝異的方式，來描寫死亡。死亡是一個大事實，所以它比出生
還好。出生對我們沒有什麼好處，只有把我們推入苦海之中。
這位智慧人用一連串的箴言，把他對死亡的思想結聯起來。死
亡乃是希望的大敵：

> 名譽強如美好的膏油，
>> 人死的日子，勝過人生的日子。
> 往遭喪的家去，
>> 強如往宴樂的家去，
> 因爲死是衆人的結局，
>> 活人也必將這事放在心上。
> 憂愁強如喜笑，
>> 因爲面帶愁容，終必使心喜樂。
> 智慧人的心，在遭喪之家；
>> 愚昧人的心，在快樂之家。（傳七1～4）

強烈的詞句，黑暗的話語。可是，傳道者卻認爲它們是切合實
際的。他觀察了死亡的必然性，死亡的陰影緊緊罩住了生命。

死亡是我們所要面對的最大問題，而不是生命。在這種情形下，喜樂和歡笑是一種奢侈，只有傻子才會去追求。智慧人和審愼的人，會把他們的注意力全部集中到死亡的問題上。

在如此黑暗的情形下，只有最愚昧的人才會唱出一首希望的歌，吹一曲期待的調子，才會發出滿懷期盼的笑聲。那些反對他的人，可能會對他說，「算了，來吧！傳道者。輕鬆一點，歡樂一下，生命並不如你所描繪的那麼晦暗。」可是，傳道者卻輕鬆不起來，歡樂不起來。在他看來，這樣的樂觀，這樣的希望恐怕會把人誤導入歧途。他直截了當的對反對他的人說：

聽智慧人的責備，

　　強如聽愚昧人的歌唱。

愚昧人的笑聲，

　　好像鍋下燒荊棘的爆聲，

　　這也是虛空。（傳七5～6）

傳道者陰沉的宣告，沒有希望。因爲死亡是我們所有的人之結局，所以我們應該以全部注意力來注意它，如此，我們才不會把希望寄託在這個根本不可能的希望上。

這位智慧人還寫了一些其他的事，使我們看到，爲什麼他認爲所有的盼望都是虛空的。**人類的罪太大了，沒有理由有希望**。他的身份是生命的觀察者。傳道者宣稱，他對人類的本性已經有了充份的研究。他的結論是灰色的，特別是他對女人之詭詐這件事上的看法：

我得知有等婦人，比死還苦。她的心是網羅，手是鎖

　　鍊。凡蒙神喜悅的人，必能躲避她，有罪的人，卻被

　　她纏住了。（傳七26）

按照傳道者的研究，這樣的詭詐乃是男女之正常情況，而不是特殊的個案：

一千男子中我找到一個正直人，但衆女子中，沒有找

　　到一個。（傳七28）

卑鄙、不正、驕傲、和欺詐乃是人類最顯而易見的通性，幾乎每一個地方都可以看到。按照傳道者的經驗，一千個男子之中只有一個正直人，而女人中則根本找不到。男人中也不必因爲這段經文而洋洋自得。因爲差別太小了，說得詳細一點，其差

別只有百分之一中的十分之一而已。假如在這位傳道者之外，另由一個人來作統計，其結果可能還會對女人有利也說不定。

他在這裏所要表達的重點是，人性已經如此歪曲，我們有充份的理由不敢存有任何盼望。這位傳道者在他調查所得的結果，加上了這樣的話：

我所找到的，只有一件，就是神造人原是正直，但他
們尋出許多巧計。（傳七29）

人類已經如此敗壞了神的旨意，公義的神還會賜福他們玫瑰般的美夢，還會認可他們一廂情願的思想嗎？

「沒有希望！」就像那位受到死亡聲響和味道刺激的外科醫生，這位傳道者從口中發出了這句絕望的判決。看看生命——看它那神秘的未來，那死亡的必然性，那邪惡的道路——看看生命，放棄你的希望吧！

這位教師對一切的希望存着如此大的懷疑，乃是出於現實，同樣的現實也促使他強調實用的智慧，以之作為在生命中奮鬥掙扎的方式。以前他曾建議聽他話的人，稍稍享受喜樂，如：工作、食物、喝、交通，等等。這裏他建議他們拒絕賄賂（七7），要忍耐不驕傲（七8），控制怒氣（七9），不要緬懷往日（七10），要順服於神的旨意，因為人無法更改神的旨意（七13），不要行義過份，也不要行惡過份（七16～17），要敬畏神（七18），不要聽別人說長論短的話（七21～22）。

在這世界上，每一個人在每方面都要面對虛空。在這種情況下，他的建議是很合宜的。從傳道者對生命的看法，以及他所生活的時代看，這乃是他所能提出的最好建議。早期的那些智慧人給人下面的大應許，可是傳道者不敢有這樣的希望：

義人的盼望必得喜樂，
惡人的指望必至滅沒。（箴十28）

在傳道者看來，義人和惡人之間並沒有清楚的分別，所以他對希望並不抱樂觀。同時，他對於先知們對末日的樂觀期望，也不敢苟同。先知們認為，末後的日子，神的榮耀和公義，將向以色列及全世界彰顯。

沒有希望，這是他惟一能說的話。可是我們每一個人都需要更往前一步。

信靠基督與得着希望

　　耶穌的信息之所以能夠像一陣清新的涼風，吹遍古代的世界，乃是因爲祂的信息給人帶來一個新希望。傳道者和他的學生所看到的未來是陰暗不明的，可是祂的信息卻把未來照明了。

　　傳道者相當有智慧地、也很率直地指出了人對希望看法之弱點。他教導跟從他的人，不可以存有那些希望。可是，耶穌卻讓全人類看見，完全的希望是可以找得到的。傳道者的格言是：「看看生命，放棄希望吧！」耶穌的話更好：「信靠我，就可得着希望。」

　　傳道者的結論是由三個論據結合而成的，而耶穌都一一加以答覆了。傳道者的意見是，未來太神秘了，所以對其不能存有希望。耶穌的回答是：**要盼望榮耀的未來**。那榮耀的未來是帶着能力和公義的。好幾次，祂用類似下面的話來描述：

　　「他們要看見人子，有能力、有大榮耀，駕着天上的雲
　　降臨。祂要差遣使者，用號筒的大聲，將祂的選民從
　　四方，從天這邊，到天那邊，都招聚了來。」（太二
　　十四30～31）

　　這是歷史的高潮，這是神兒女最終的目標！我們不再是旁觀者，我們參予行動，執行神的大計劃，把祂的名傳遍全地。在如此重大的事件之下，誰還能呼喊說，「沒有希望」？

　　傳道者又說，死亡的事實太確定了，人不可能有希望。耶穌的回答是：**復活和永生的應許**。祂說：

　　「時候要到，凡在墳墓裏的，都要聽見祂的聲音，就
　　出來。行善的復活得生，作惡的復活定罪。」（約五
　　28～29）

死亡對人生命的權柄已經被掙破，自從基督復活以後，人類已經屬於一個新的主人所有。復活乃是我們每一個人的最後目標。可是，只有那些真正信靠耶穌，以祂爲神的完全真理者，才能夠真正希望復活。

　　對他們而言，死亡不再是神的懲罰，不再破壞人的計劃，譏諷人的成就。死亡反而成爲希望的過程，導人進入盼望，和永遠與神爲友的大門。在這種復活的情形下，誰還能輕聲說，「沒有希望」？

　　傳道者最後的結論說，人類的罪太大了，沒有理由存有希望的。耶穌卻 **賜人完全的赦免**，粉碎了這個觀念。耶穌是為那些知道自己有罪的人而來的。他們是大牧者從曠野中尋找回來的迷失的羊；他們是那個婦人歡歡喜喜找到的遺失的銀子；他們是那位父親熱誠歡迎回家的浪子（路第十五章）。在這樣歡迎的情況下，誰還能說「沒有希望」？

　　處理這世界問題的那些醫生，用盡了他們社會改革、經濟理論、教育哲學、和政治策略的手段以後，他們還是會搖搖頭，嘆一口氣說，「沒有希望！」但是他們沒有辦法，耶穌卻有。耶穌來是要執行神完全的工作，神的全部工作就是要使人有希望。（羅十五13）

第十章

超越虛空
——進入權威

（傳八1～九18）

蘇文隆　譯

我們對權威的態度常有一種旣喜歡、又厭惡的雙重矛盾心理。我們好像一個十八歲的小伙子，爲了尋找安全感和學習有紀律的生活而加入陸軍。卻對初入伍時要剃光頭感到氣忿。他希望自己的生活有規律，卻不願擦亮鈕釦，擦亮皮鞋。他希望了解自己，希望追求自己的前途，卻不願接受緊迫的操練或急行軍的訓練，而想以另外的方法達到這目的。

我想我們自出生以來，就在家裏學到對權威的這種雙重矛盾的心理。我們希望從父母親得到安全感，希望他們在我們成長過程中支持我們，並引導我們，但卻爲他們的管敎而生氣，並想逃避他們所訂的規矩。

當然，問題部份是出於我們自己。人類的罪，首要的就是對權威的反抗。神所命令的，我們的祖先拒絕了。他們用他們的意志反抗神的話，爲他們所有的後裔立了背叛的典型，只有耶穌是例外。

然而權威的問題，另有部份是出於那些擁有權威者自己也是背叛者。軍中的訓練班長及父母，學校的老師及老闆，遊樂場所的指導員及國王，至少在某種程度下都反抗着權威。

所以矛盾是兩方面的，那些擁有權威者由於自己和權威的衝突，無法把權威施展得好。而那些只能做跟班的人，心不甘、情不願的跟着走，因爲他們厭惡受別人的驅使。然而兩方面都知道，若沒有權威，人生很難成就任何事情。領袖若不肯領導，隨員若不肯跟從，結果就會產生類似混亂的情況。

可能在舊約中，沒有人像智慧的傳道者那樣，敏銳的感受到我們對權威的那種雙重矛盾。他以銳利的洞察力，觀察君王及平民之道，以及他們之間由於使用和濫用權威所引起的衝突。他所看到權威的問題也是人生虛空之一部份。正如智慧、享樂、及財富，表面上能給予人滿足，其實卻不能。同樣的，以權威作人生美好的目標也是騙人的，只能給人帶來虛空的。

權威的問題

權威有其危險，也有其限制。傳道者知之甚詳。因此在傳道書第八、九兩章的論據中，他討論了這些問題。「國王的權威」是這一段有點散漫的箚記開始與結束時的主題。在其間他

穿插了一些自己所喜歡的題目，這些題目也可以和他所討論的權威有關聯。

他所看到權威的第一個**危險**是表現**在虛浮的自大上**，有這種虛浮自大的人，容易被人運用手段加以左右。權威的力量愈大，愈容易患這毛病。特別是國王更容易受這種影響。傳道者認為：

> 我勸你遵守王的命令，既指神起誓，理當如此。不要
> 急躁離開王的面前，不要固執行惡，因為他凡事都隨
> 自己的心意而行。王的話本有權力，誰敢問他說，你
> 作什麼呢。凡遵守命令的，必不經歷禍患，智慧人的
> 心能辨明時候和定理。各樣事務成就，都有時候和定
> 理，因為人的苦難，重壓在他身上。（傳八 2～6）

談這段經文我們要明白它的字面意思，也必須明白其弦外之音。這是一個精明的勸告，鼓勵人要學得老練。對國王忠心，遵守你對他所起，要服從他的誓言，你就不會遭害。不但這樣，如此作，你往往也能達成自己的願望，你的智慧會讓你知道在何時，用何法取得王的歡心。

這裏談的不是政治才能，也不是土地的益處，或人民的利益。這裏強調的是，求取國王歡心者個人的福祉。也許這一段經文可以取名叫「馭王術」。做王所愛的，王也會做你所願望的事。這是中心要點，更露骨地說：「搔他的背，他也會搔你的。」

不幸，大部份的權威就是如此，當統治者開始貪求權力時，權威原來的目的，權威的合宜運用，及權威的責任就被玷污了。過份被權力感所轄制的人，很容易受到別人用各種手段操縱。誰能奉承，說他們多好，多聰明，以滿足其虛浮的自大，就能輕而易舉的引導他們做壞的及愚昧的事。

傳道者所發現權威的第二個**危險**是，有時它表現**傲慢而不接受其有限性**。有權可以使用某種程度的權威，很容易被誤解成對一切都具有權威。我們像辦公室的小弟，坐在老闆的椅上數小時以後，就會把自己幻想成為主宰一切的老闆。人頭腦最容易想到的就是權力。

事實上，除了神的權威外，所有權威的效力都有其嚴格的

限制。由於我們的自大，這些限制往往被忽視了。然而，無論如何，限制仍然是存在的。我們若常記住這點，使用我們的權威時，才可以使用得好。

這位智慧的教師要教導我們的，是一個有關謙卑的功課：

他不知道將來的事，因為將來如何，誰能告訴他呢？

無人有權力掌管生命，將生命留住，也無人有權力掌管死期；這場戰爭，無人能免；邪惡也不能救那好行邪惡的人。（傳八7～8）

讓自傲學到加在人類一切權威上的限制吧！它不知道未來，所以在作決定時必需謙卑。它不能避開死期，所以訂計劃時必須把偶發事件列入玆慮。它可能觸發某些它所不能控制的反應。以戰爭為例，權威能開啟戰端，但未能結束戰爭。它也可能運用邪惡的行為，造成無法彌補的悲劇後果。權力如果控制在自傲的人手中，就很容易會掉進這些陷坑中。

傳道書所提及的第三個**危險**是，**權威常成為破壞人際關係的力量**。他用一句話作總括：

這一切我都見過,也專心查玆日光之下所作的一切事。

有時這人管轄那人，令人受害。（傳八9）

這句話是個悲劇：「有時這人管轄那人」。在人類歷史中，每個社會，每個時代都可以看到這現象。權威的目的本來是要幫助家庭解決其問題，達到其目標，結果適得其反。公僕應當服事人,卻自視為主人，而鞭打壓迫那些應當受他們服事的人。

這就是權威。權威的後面跟着一大堆大問題。權威有**危險**，所以它容易被濫用，它有其**限制**，所以運用起來往往無效率。傳道者銳利的眼光已觀察到這些。

權威效率所受**限制之一**是：由於**神審判的遲延而助長罪惡的擴張**：

我見惡人埋葬，歸入墳墓，又見行正直事的，離開聖地，在城中被人忘記，這也是虛空。因為斷定罪名，不立刻施刑，所以世人滿心作惡。（傳八10～11）

傳道者指出一個深刻的重點：除非人堅信神審判的真實性，靠人的權威很難執行人的法律。若神任憑人犯罪不受懲罰，政府的制裁及譴責也無法發生效力。

權威效率的另一個**限制是：義人和惡人所遭遇的似乎是他**
們不當得的命運。

> 世人有一件虛空的事，就是義人所遭遇的，反照惡人
> 所行的；又有惡人所遭遇的，反照義人所行的。我說
> 這也是虛空。（傳八14）

神不僅遲延審判，即使祂審判了，有時祂的判決似乎是和事實
正相反。惡人似乎得到獎賞，而義人在患難中的哀求反而不被
注意。權威希望犯法者受處罰，遵守法律者被確認。然而神似
乎並不合作。

這引到權威效率所受的第三**限制：生命似乎不但受原則的**
管制，也受機遇所管理：

> 我又轉念，見日光之下，快跑的未必能贏，力戰的未
> 必得勝，智慧的未必得糧食，明哲的未必得貲財，靈
> 巧的未必得喜悅，所臨到眾人的，是在乎當時的機會。
> （傳九11）

這裏傳道者再度向其他智慧人的意見挑戰。他們的基本教訓乃
是，好行為會有好結果。他們對學生權威的基礎乃在於他們能
預測某種行為會導致某種結果。好因必會結好果，速度快能贏
得賽跑，力量大能贏得爭戰。勤勞及恰當的選擇會帶來安全及
財富。傳道者辯稱並非如此，神的作法無法測度。對我們的福
祉，機遇至少和人的努力具有同樣的影響力。

不過，如果我們必須在權力及智慧間有所選擇的話，我們
還是應當選智慧。傳道者以一個智慧人贏過攻城的有力量的國
王作比喻，來總結這一點。然而按他典型的從陰暗面來看人生
的方式，傳道者以這句話作結束「沒有人記念那窮人」（傳九
13～15）。

上面我們看到的是有關使用權威的一些問題之概況。以他
所習用的中庸之道，傳道者勸我們不要去追求擁有權威，但也
不必去反對它。權威是必要的。但是在這彎曲破碎的世代，它
是必然有可能是惡的，也必然有可能是善的。我們需要它，同
時也懼怕它。傳道者充份瞭解到這種雙重的矛盾。

權威的轉變

傳道者對權威問題的反應，早已在我們預料之中：在這世界上真正的享樂很少見，所以能夠的話，當盡量享用你的喜樂。

你只管去歡歡喜喜喫你的飯，心中快樂喝你的酒，因為神已經悅納你的作為…………在你一生虛空的年日，就是神賜你在日光之下虛空的年日，當同你所愛的妻，快活度日…………。（傳九7～9）

傳道者所說的，沒有一件能改變我們對權威的做法。他能幫助我們透視權威，卻不能使我們自由地按照神的方法作領袖，或作跟從者。只有耶穌基督能使我們如此。一切智慧與知識的寶藏都隱藏在祂裏頭。

祂教我們**不要做一個盲目愛國的公民**，祂高高舉起刻有該撒像的錢幣，提出一個奇異的意見：「該撒的物當歸給該撒，神的物當歸給神」（太二十二21）。若不保持這種平衡，不可能做一個好公民。只有當我們屬於神及祂的國度時，我們才能知道自己在我們國家中的真正地位。（就是我們作為公民的那一個國家。）

由於我們最高的忠心是對着神的權威，所以我們不會是盲目愛國者，也不會是狹隘的民族主義者。我們不會討好領袖，或運用手段要求他們給予特權。我們不高估他們的價值，或助長他們的自我意識。

我們也不貶低他們的價值。不管他們知不知道，他們是神的僕人，乃是被召來執行祂的旨意者。我們的任務是藉着尊重他們的權威，或批評他們的濫用權威，幫助他們了解到這一點。

耶穌更進一步教導我們，**要服從神的靈寫在我們心版上的律法**。祂在山上寶訓中清楚地指出，祂的百姓是服在屬靈權威之下，如此就把他們帶領到超越律法的字面之上了；貪心與姦淫一樣嚴重；恨人等於殺人。內在的權威是指臉的另一面、第二里路、內衣及外衣（馬太第五章）。神的靈在我們裏頭，使我們超越國家的律法之上，並使我們服在轉變權威的愛的律法之下。

最後，耶穌藉着教導我們**以作僕人的態度從事領導的工作**，以改變我們對權威的看法：

你們知道，外邦人有尊為君王的，治理他們，有大臣

操權管束他們，只是在你們中間不是這樣。你們中間
誰願爲大，就必作你們的用人。在你們中間，誰願爲
首，就必作衆人的僕人。因爲人子來，並不是要受人
的服事，乃是要服事人，並且要捨命，作多人的贖價。
（可十43～45）

這是眞正的權威。不是虛浮的自大，而是在愛裏的謙卑。不是
要管轄，而是要幫助人。

我們對權威的態度可能經常有雙重的矛盾，但耶穌已給予
我們智慧及能力去對付這種雙重矛盾。以神偉大僕人的身份，
祂爲我們指出超越虛空的道路：藉着謙卑而達到權威，以服事
人來領導人。

第十一章

超越虛空
——進入實際

（傳十 1～ 20 ）

陳寶銓　譯

在全國各地的辦公室、工廠裏,你經常可以聽到這句話。說這句話的人有時語氣帶着不耐煩,有時甚至帶有生氣的味道。事情往往是如此發生的:資淺的主管把一些工作上的問題帶來,請求上司的指示。

在該情況下,一個聰明的上司不會給他什麼指示。他就用這句話回答:「不要把問題帶給我;把你的解決辦法帶給我!」雖然上司這樣的回答,語氣也許不夠溫和,但這句話的確說得對。通常最接近問題的人,因為對當時的實況最為熟悉,往往能夠找出最恰當的解決辦法來。再者,他們才是執行解決問題之方法的人,而不是他們的上司。如果他們曾積極參與擬定解決的辦法,他們會把事情做得更好。再說,如果他們事事要上司代他們動腦筋,這樣他們就沒有盡到對上司應盡的責任。最後,很明顯的,指出問題通常要比找出解決問題的辦法容易十倍。能夠指出生命中問題之所在,只是解決問題的一小步而已。

傳道者是聰明的,他瞭解這一點。他十分熟悉管理學上的格言——提出解決的辦法,不要單單指出問題之所在。

我們都知道,他用很尖銳的方式指出了他同時代之人所遵奉的虛假價值觀念。但我們也應緊記,他在人類許多問題上,也提供了實際的解決辦法。

最值得注意是,他的書有一個明顯的主題貫穿,那就是,他講了一些消極方面的話以後,總會停下來,提出一個積極的忠告。以下也許是一個最好的實例:

你只管去歡歡喜喜喫你的飯,心中快樂喝你的酒。因為神已經悅納你的作為。你的衣服當時常潔白。你頭上也不要缺少膏油。……當同你所愛的妻,快活度日……凡你手所當作的事,要盡力去作……。(傳九7～10)

他曾經指責那些以放縱享樂為人生主要目標的人的錯誤。他強烈鼓吹人要以現實主義面對死亡。然而這裏他卻希望他的學生能珍惜那簡單的享樂和適度的享受。滿足人生基本的需要、享受一下人倫友情的溫馨、從這苦惱的人生中取得最大的好處——這些乃是他認為具有長存之價值的東西。

他並非是個享樂主義者。享樂是一個纏緊人的網羅,但不是引誘人的偶像。節制性的歡娛而非荒宴狂歡,是他人生中的

大目標。

　　他建議人作適度的歡樂，乃是建立在他對實際行爲的信念上。雖然他對智慧不斷有疑問和批評，但骨子裏，他是一個智慧人，是敎導人要有好行爲的敎師。他對實際的智慧之關懷，偶而會在字裏行間出現，特別在他書中的末後幾章。他所指出的問題，所提供的解決方法，不但對當時的人有所貢獻，也對我們的時代有所貢獻。

讓智慧作你的嚮導

　　在他書中前幾章，他警告我們，不要倚靠智慧，以之爲人生之至善：

　　因爲多有智慧，就多有愁煩。

　　　加增知識的，就加增憂傷。（傳一18）

這些話是對那些極端者說的。他們誇讚智慧，以之爲解決人生一切問題的關鍵，以之爲極貴重的珍珠，人應該變賣所有的去換取它。他警告那些把智慧高抬到天的人，因爲智慧帶來多少祝福，也帶來同等的痛苦。

　　他明白表示對那些過份重視智慧的人之疑懼。然而他也從未稱頌過愚昧。雖然智慧有種種的問題，它還是遠比愚昧好。他的忠告是：勿讓智慧成爲你的神，讓它作爲你的嚮導。

　　傳道者警告他的學生要提防，因**愚昧有其種種危險**：

　　死蒼蠅，使作香的膏油發出臭氣。

　　　這樣，一點點的愚昧，也能敗壞智慧和尊榮。（傳十1）

愚昧具有其種種危險，但智慧也有其極限——這句箴言表明了這一對孿生的論點。愚昧如此強而有力，雖然只有那麼一點點——像一點臭氣——就足以敗壞許多的智慧。

　　愚昧之所以是危險，因爲它引導我們走向錯誤的方向：

　　智慧人的心居右；

　　　愚昧人的心居左。（傳十2）

在此謹向慣用左手的人致歉，我們應注意到這裏所用的**左**與罪惡是同義字。而這種罪惡的傾向是不能隱藏的。愚昧人行事常顯露自己的愚妄。

　　並且愚昧人行路，顯出無知。

對衆人說，他是愚昧人。（傳十2）

愚昧有其種種危險，而**智慧具有其種種好處**。傳道者用了兩句箴言說明這一點：

鐵器鈍了，若不將刃磨快，就必多費氣力；

但得智慧指教，便有益處。（傳十10）

再者，

未行法術以先，蛇若咬人，

後行法術也是無益。（傳十11）

這與我們常用的「預防勝於治療」和「防範於未然」有同等的意義。智慧助我們節省精力——就像有智慧的人，事先把刀刃磨快。智慧可以防範意外，就如未被蛇咬**之前**，先做好安全措施。要運用簡單，實用的智慧，不要讓愚昧出現，傷害到我們——這乃是這位智慧的教師寫這章書的目的。

智慧是政府事務的指導。傳道者經常重覆談到這一點。和其他的智慧者一樣，他承認人生與政治基本上是分不開的。生活的安舒或困苦，往往與治理我們的政府有很大程度的關聯。由落後的部落至進步的城市，我們所有的人都生活在政府治理下。我們教育中不可少的一部份是，知道如何應付那些在上發號施令統治我們的人。

傳道者的忠告很切實，可能有點圓滑，「應與在位掌權者保持良好的關係。」下面二句話，表現出了他的意思：

掌權者的心若向你發怒，不要離開你的本位，

因爲柔和能免大過。（傳十4）

既使我們的過錯觸怒了在位的治理者，也不要設法推諉自己過失。善用你平靜與柔和的態度去轉移他的怒氣。再者，對當地的領袖，應從積極的角度來看，即使私底下也不要批評他們：

因爲空中的鳥，必傳揚這聲音；

有翅膀的，也必述說這事。（傳十20）

謹愼是一種美德，因爲富人和有權位的人，總有辦法找出那些人是與他們爲敵的。謠言和閒語能夠像空中的鳥一樣到處飛翔。

「愼防生命中不公義的事。」這是他實際的忠告之另一部份。傳道者銳利的眼光已經看見過統治者犯了悲劇性的錯誤。

他們往往讓錯誤的人居高位：

就是愚昧人立在高位，富足人坐在低位。（傳十6）

這是一個很好的警告。生活中常發生不平等的事，特別在政府方面。但傳道者沒有告訴我們，面對這種情況我們應該怎樣辦。我們是否應設法矯正這類的濫權，或只是知道有這種不公平就好？在傳道者所處的社會裏，他也許沒有選擇的機會。

重要的關鍵是領袖的素質。他力主人應該「為美好的政府高興快樂」。無能的領導，特別是那些只顧放任宴樂的領導層，對任何人都是一種災禍。相反的，

邦國阿，你的王若是貴冑之子，

你的羣臣按時喫喝，

為要補力，不為酒醉，你就有福了。（傳十17）

我們美國社會實在很幸運。我們大部份的人，不只能夠為美好的政府感到高興，在必要時也有權力去更換無能的政府或州長。我們不必對付醉酒與愚昧的人居高位的問題。我們當如何表示對政府權威的敬重？最好的方法是，堅持政府必須有效而誠實的信守諾言及履行其責任。

不但要讓智慧作為你處理政府事務的指導，同時也要讓它作為你處理**個人事務**的指導。「切勿傷害你的鄰舍。」是智慧的另一個指引。這位教師使用了一連串有趣的箴言，提醒人們行為輕率、待人苛刻的危險。害人者終害己，侵略者自己所受的傷害反而最大：

挖陷坑的，自己必掉在其中。

拆牆垣的，必為蛇所咬。

鑿開石頭的，必受損傷。

劈開木頭的，必遭危險。（傳十8～9）

因果相報的模式，似乎早已建立在生命的結構裏。那些以設法謀害人為目標的、終必使自己受到最大的傷害。

「勒住你的舌頭。」是智慧的另一個指引：

智慧人的口、說出恩言。

愚昧人的嘴，吞滅自己。（傳十12）

談話溫文合宜，遠比無休止的妄言空談可以成就更多的事。

「從工作中發現樂趣」是他個人末後一點的忠告。安全感

（如屋頂不漏水），和享樂（吃餅、飲酒），都是要倚靠工作
以及工作所賺得的錢（傳十 8 ～19）。

讓愛成爲你的目標

耶穌也相信，神的子民應該善用智慧去處理人生的各種問
題。祂差派門徒出外傳道時，給予他們這樣的忠告：「我差你
們去，如同羊進入狼羣，所以你們要靈巧像蛇，馴良像鴿子」
（太十16）。這是一種最切實際的勸告，叫人防避迫害。又不
致引起內心的痛苦或憎恨。

在那些方面，耶穌引導祂百姓超越了傳道者精明的忠告？
祂怎樣顯示自己是更大的智慧者？祂使我們**對神有更穩固的信
心**。傳道者爲其學生立下了榜樣，使他們知所遵從；而耶穌則
帶領我們到祂父神的面前。古時那位智慧者希望他的學生曉得
生命是怎樣運行的；但那更大的智慧者則呼召跟隨祂的人去認
識那位使生命運行的神。在知識方面，這乃是最切實際的知識。

耶穌又帶領我們**對神的國有更清晰的領悟**。神要親自在人
間施行主動的、個人的統治，這是耶穌事工中的主題。祂吩咐
祂的門徒說：「隨走隨傳，說：『天國近了。』醫治病人，叫
死人復活，叫長大痲瘋的潔淨，把鬼趕出去。你們白白的得來，
也要白白的捨去」（太十 7 ～ 8）。「天國近了」——這句話
是何等的實際！神正在我們的世界，我們的歷史，我們的社會，
我們的生命中運行作工。祂現在就以能力施行拯救、醫治、安
慰、和使人知罪的工作。祂的命令成了我們的指導，而祂的供
應成了我們能力的來源。古時那位智慧者只能**鼓勵**我們行道，
但神的靈卻**加給能力**，助使天國的子民將真理切實地行出來。

對天國的這種領悟，同時也教導了我們怎樣應付地上的政
府。傳道者在這問題上非常關心。神的國要求我們對地上所屬
的政府盡上公民的責任，但同時也堅持，我們應優先向創造我
們，又救贖我們的主效忠。對於我們的官長，我們應該表示敬
重，但無需懼怕他們。他們雖然喧嘛一時，擁有權勢，但他們
也是服在神的權威之下。他們必須按照神的心意治理國家政事，
才能有最佳的表現；我們要多鼓勵他們遵行神的旨意，這是我
們對政府所能作的最佳服事。

　　最後，耶穌使門徒**對愛的力量有更強烈的感受**。藉此，祂帶領他們超越了古時那位傳道者的智慧。傳道者所提的，許多是圓滑的行為。但耶穌深知人生之道，祂知道關懷遠勝詭詐。所以祂激勵門徒要為仇敵禱告，又要善待那些虧待他們的人。要以愛作為你的目標——不是單以成功為目標。要以愛作為你的目標，因為愛**就是成功**——這是神衡量的標準。以上是耶穌的勸告。耶穌最深知神的道路，因為祂自己本是神。祂知道神的道路就是愛的道路。

　　耶穌所帶來的是最聰明、最實際的解決方法。想一想，有多少痛苦的產生，是因為我們有聰明而沒有同情，有圓滑而沒有慷慨，有敏銳而不敏感。我們若回想到這些事實，就能確信愛的實際可行性。我們需要的是解決方法，不是問題。歷史上沒有一個人能像耶穌，祂滿足了我們所需要的解決方法。

第十二章

超越虛空
——進入結果子

（傳十一 1～10）

編輯部同工　譯

　　自有文明以來，我們這個世代可能首開不以箴言教養兒女之記錄。自從埃及、蘇默，人類有文字記錄歷史之後，人就把好行為所可得到的好處，壞行為所可帶來的傷害，濃縮成精煉的短句。人們就用這樣的箴言來教導他們的兒女處世之道。

　　從大海諸島到中國，從阿拉伯半島的貝都英部落到阿拉斯加的愛斯基摩人，箴言是用來總括人類生活經驗的標準方法。在美國，聖經中所羅門的箴言，和富蘭克林所搜集的盎格魯撒克遜智慧言語（編成書後取名為「窮理查的寶鑑」Poor Richard's Almanac），也成為世世代代父母教養兒女待人處世的材料。

　　因為箴言是根據經驗而來的，所以應用於不改變，或改變很緩慢的環境中最為合適。在定居的農業社會中，生活方式往往維持好幾個世紀都不改變，所以最適於用箴言把他們體驗出來的智慧總結成一個精煉的短句，傳給後來的人。部落生活，通常有他們自己的價值觀，也有他們自己固定的社會關係，所以也有大量的箴言。

　　大體上來說，我們的世代已經拋棄了箴言的用處，雖然偶而我們還可以在運動員的更衣室中，看到一些箴言之類的句子給他們打氣。例如：「愈挫愈勇！」或「不問勝負只問是否已盡全力！」對於許多現代的青年人，箴言似乎太重說教性了。他們喜歡尋找自己的價值觀，而不願意接受與保存前人的價值觀。他們一生中時時有改變。為了迎接全然不同的明天，他們樂於把昨日所取得的智慧丟棄。

　　可是，也許這句古老的箴言說得對，「物極必反。」箴言似乎又悄悄地溜回到美國社會中。看汽車後面防震板上所貼的字句，家庭中掛在牆上的裝飾，書桌案頭的格言，大部份都是箴言。也許，父母很快又會恢復使用箴言來教導他們的兒女了。警告他們要謹慎時說，要「三思而後行！」或教他們要果斷時會說，要「一鼓作氣！」如果孩子們不肯聽時，可以再引用這樣的箴言勸他們：

棄絕管教的必致貧受辱，

　　領受責備的，必得尊榮。（箴十三18）

　　一個受到新的錯誤價值觀之傷害，而滿目瘡痍的社會，一個因為缺乏價值觀念而茫然不知所從的世界，可以歸回箴言，

從之得到指引。箴言是從生活經驗中取得的智慧，可以叫生活中一些紊亂之事變得有秩序。許多人在生活中覺得虛空茫然之時，從箴言得到了很大的幫助。

甚至傳道者講了這麼多生命中之虛空：想以利益、享樂、好名聲爲目標的，都是虛空一場。他也是使用箴言幫助他的學生，引導他們超越他所強調的這些虛空和徒勞。這世界有這麼多人，一生就是如此庸庸碌碌浪費了，人要如何才能過一個結果實的生活？對這個問題傳道者也引用箴言來解答。

盡量善用你所有的

按照傳道者所下的定義，所謂結果實的生活是指擁有成功和喜樂。擁有東西還不夠，如果你不能應用，擁有那些東西又有什麼用處？

這位智慧人說，盡量應用你所有的，如此你就可以找到**通往成功的道路**。他引用來說明這個看法的那句箴言，一般人很熟悉，卻又誤解了它：

當將你的糧食撒在水面，

因爲日久必能得着。（傳十一 1）

我們往往誤解這一句箴言，把「糧食撒在水面」當作「拿麵包救濟窮人。」我們常把它解釋爲「善有善報」。

可是，從傳道者的實用、精明，和這本書的上下文來看，這一句箴言不是勸人行善，而是勸人投資時要謹慎。如何善用你的錢？海外投資？投資在地中海國際貿易中心的推羅、西頓兩個海港的生意？不久你將可以發現，傳道者在這裏所講的，將糧食撒在水面，是指最有利可圖的投資行爲。

當然，投資必須冒風險。爲了應付可能遇到的風險，這位教師勸導他的學生，要分散他投資的目標：

你要分給七人，或分給八人，

因爲你不知道將來有什麼災禍臨到地上。

（傳十一 2）

天災人禍乃人生之常事。誰能預料田地可以出產多少？那一條船將被海盜所擄？那一種生意可以賺大錢？要把你投資的目標分散——分散到七、八個地方——如此，發生一兩個問題，不

會把你的一切全部一掃而空。這個教訓也是通向成功之路的一部份。

若要結果實，傳道者所建議的方法是：勤勞工作，投資還要精明。顯然的，他的同胞中有些人太過於注意風和雲的動態──不是研究氣候，而是想玩弄魔術。他們相信，若要成功，必須有天時、地利，特別在農作物的撒種和收割方面。

傳道者吩咐說，把這一切留給神去作吧！神會照祂的時間進度工作的，雖然你不知道祂的時間進度如何。

雲若滿了雨，

就必傾倒在地上。

樹若向南倒，或向北倒，

樹倒在何處，就存在何處。（傳十一3）

創造的進程不斷前進，你不用煩惱。即使你煩惱，也不會改變任何事物。因此，傳道者勸導人，你儘管作自己的工作吧！

想太多「什麼時間是合適的？」「什麼季節是恰當的？」這一類的問題，結果什麼事都作不成：

看風的必不撒種，

望雲的必不收割。（傳十一4）

過份謹慎會使人失去勇氣，什麼都不敢作。傳道者要我們小心提防這一點。

他也警告學生們，不要猜測神的方法。神的方法奧秘，有如嬰兒的成胎：

風從何道來，骨頭在懷孕婦人的胎中如何長成，你尚

且不得知道。這樣，行萬事之神的作為，你更不得知

道。（傳十一5）

奧秘事讓神去管，你只管作自己的事。這就是他的結論：

早晨要撒你的種，晚上也不要歇你的手。因為你不知

道那一樣發旺，或是早撒的，或是晚撒的，或是兩樣

都好。（傳十一6）

盡量善用你所有的，這是傳道者對學生教訓的中心點。這些學生們渴望在這個充滿虛空的世界中，找到一條成功之路。可是，如果你沒有力量可以享用，發了財，致了富又有什麼用？有了財富而不喜樂，又能比貧窮好到那裏去？假如我們希望過

一個比苟延殘存更好的生活，喜樂乃是必不可少的因素。

　　所以，這位智慧的傳道者在財富之路的旁邊，併排了一條**喜樂之路**。他的建議很簡單，找出每一日之美善：

　　光本是佳美的，眼見日光也是可悅的。（傳十一 7）

傳道者在他這本書開始時就指出，太陽天天出來又下去，這種事情叫人厭倦又覺虛空（傳一 5）。這裏他的看法又有不同。他提醒人生命的脆弱，鼓勵他們享用日光之下每一時刻。

　　這位教授說，我們要趕快善用時光，因為**死亡即將臨到**，而且一臨到就長久存在：

　　人活多年，就當快樂多年。然而也當想到黑暗的日子，

　　因為這日子必多。所要來的都是虛空。（傳十一 8）

享受你手中的工作；品嘗你所吃所喝的一切；和你年輕時的妻子分享喜樂。傳道者極力勸人，要善用你所有的，因為黑暗就要臨到，那時一切快樂都要止息。死亡將拉下黑幕，將使生命的燈熄滅。

　　你如何善用神所賜的美物？這事 **神將審判**。這是傳道者教導人快樂之路的最後一部份：

　　少年人哪，你在幼年時當快樂，在幼年的日子使你的

　　心歡暢，行你心所願行的，看你眼所愛看的，卻要知

　　道，為這一切的事，神必審問你。所以你當從心中除

　　掉愁煩，從肉體克去邪惡，因為一生的開端，和幼年

　　之時，都是虛空的。（傳十一 9～10）

虛空在這裏的意思是虛幻、短暫。我們年輕的日子就像泡沫，很快就會破滅。因此，我們當盡所能，把握住它。很顯然的，他對學生說，「行你心所願行的。」這位智慧者並不是鼓勵人過放蕩狂野的生活。犯法、邪惡、詭詐，這都是他，也是以色列的智慧者所不取的。充份享受你的生命，凡事盡上你最好的努力，每一天都在愛中，在工作中，在享受神所賜的美物上，徹底喜樂。這一切都表現了神的恩典。祂將審問我們，是否已經盡量享用這一切。

盡你所能作最好的人

　　舊約的這種教訓，大部份都由新約那位更大的智慧者耶穌

所肯定了。祂也相信，我們應該盡量享用我們所有的。這就是祂講到按才幹分銀子的比喻時，心中思想的一部份。祂這段火辣辣的話，誰能忘懷？

> 當把我的銀子放給兌換銀錢的人，到我來的時候，可
> 以連本帶利收回。奪過他這一千來，給那有一萬的。
> 因為凡有的，還要加給他，叫他有餘。沒有的，連他
> 所有的也要奪過來。（太二十五27～29）

能力、財物、金錢、機會，這一切都是神所賜的美物。我們都是這些美物的管家。耶穌回來時所要作的一件事是，審問我們有否善用祂所賜的美物。

我們對耶穌的委身，以祂為主，所包含的意思有：把我們的金錢、我們的時間、我們的能力投資進去，盡力而為，必可收到利潤。傳道者說對了。不過，他沒有把整個事實說明白。他不知道我們一切的生活、施捨、儲蓄、和開支，都是指向主耶穌再來的這件事。如果舊約時代那些敬虔的男女知道，智慧要他們把自己所有的作最好的投資，那麼我們更應該了解，我們必須把自己所有的，作最好的投資，因為基督再來的日子近了。

我們對耶穌的委身，以祂為主，還包括了另一部份，那就是我們要為主所賜的美物而喜樂。在我們主教導門徒的禱告中，其中心就是為每日的飲食祈求禱告。耶穌要我們求的，神早已應許要供應我們。雖然我們活着不是單靠食物，但是我們還是需要食物來維持健康。我們的救主曾經在婚筵中變水為酒，在那最後的大婚筵還未來到之前，就和稅吏和惡名昭彰的罪人吃、喝慶祝。

如此作，祂教導了我們一個更高級的享樂，更好的財富。這是傳道者的那些朋友們所無法想像的。耶穌教導我們吃、喝，享受神所供應的。可是不只如此，祂教導我們在吃、喝之時，還要期待神的勝利之來臨。那個日子就要來到。那時神所有的百姓都要坐在有史以來最好的筵席上，我們彼此之間有最完美的交通，我們與救主，就是我們的新郎之間，也有最美好的交通。基督徒的每一餐、每一個宴會、每一個團契聚集，都要存着一個期望，就是期望那個更大筵席的臨到。

　　耶穌希望我們善用我們所有的東西，享受神所賜的美物。可是，更進一步，祂希望我們盡一切所能，作個最好的人。基本上來說，我們是個什麼樣的人？投資者？是的！希望我們都是聰明的投資者。我們是什麼樣的人？享樂者？是的！希望我們都是心存感恩的享樂者。

　　可是，不只如此，我們還是**有愛心的人**。我們要崇讚有位格的神，要服事我們鄰舍的需要。這都是人性實際的需要，都是人在靈性上渴望得到的。傳道者在這方面所看見的，只是隱隱約約一瞥而已。

　　在耶穌，這一切都清楚了。祂對我們所說的話，帶領我們超越虛空，進入結果實的生命中：「我是葡萄樹，你們是枝子。常在我裏面的，我也常在他裏面，這人就多結果子‧‧。」（約十五5）。

　　愛心乃是耶穌所注重的果子：「你們要彼此相愛，像我愛你們一樣，這就是我的命令」（約十五12）。對許多人而言，箴言和口號，似乎是教導人成功的老套方法。然而，這個命令卻不可能老套。因為愛深深根植在神的本性之中。它在耶穌基督犧牲之時，如花盛開。它是人類結果實能力之真正來源。那裏有愛心的工作，那裏就沒有虛空，因為「愛是永不止息的」（林前十三8）。

第十三章

超越虛空
——進入成熟

（傳十二 1～14）

陳憲平　譯

　　我雖然知道他是一個神學家、教師，也是一個爬山家，但是對他的這句話，我仍然無法完全接受。他說，「我要再一次爬上阿爾卑斯山頂，至少我必定要再一次爬上堤頓山（The Tetons 位於美國懷俄明州）。」說這話時，他的雙眼充滿鋼鐵般的堅定，眼光中閃爍着對未來的希望。

　　我驚訝、無言地望着他那柔弱而修長的身材。他消瘦有如一隻竹竿，挺立起來像一根矛。我驚訝，並不是出於懷疑他的勇敢。因爲他爬山的事蹟，是認識他的人所有目共睹的。我驚奇的是，他充滿希望，說要攀登阿爾卑斯山或堤頓山這句話時，年紀已經超過了九十歲。

　　他知道在年齡增長之際，如何不使自己的精神受到「年老」之思想和事實所破壞。他能有如此表現，表示他已經學到了人生最需要的功課。他學會了隨着年齡的增長而更趨成熟。雖然他感覺到身體開始呈現衰弱的現象，可是他的精神卻更加開闊，更加成熟。雖然肌肉、筋骨已經衰退，但他的喜樂與盼望卻越來越強烈。

　　有的人到了年老，會有虛空的感覺。要對付這種虛空之感，需要一種技巧。而他很妥善地發展了這種技巧。他如此精力充沛、野心勃勃，是和傳道者所描繪的老年人的景象在唱反調。傳道者在他那本傳道書結束時，用他那懷疑的筆所描繪的老年人的景象，似乎對即將臨到的事有所畏懼。你說，這會不會是因爲他自己年紀大了，而有同樣的恐懼？就像我們其餘的傳道人一樣，最尖刻的話往往都是指着我們自己說的。他嚷的越大聲，越是表現出自己內心的恐懼。

趁着今日享受人生

　　你趁着年幼，衰敗的日子尚未來到，就是你所說，我
　　毫無喜樂的那些年日未曾臨近之先，當記念造你的主。
　　（傳十二1）

這不是命令人敬畏神，而是要人及時尋求快樂。傳道者不是要求他的學生和神有正確的關係，而是叫他們「快樂」。衰敗的日子快要到了，到那時就不可能有快樂。這是傳道者的警告。趁着現在，享受人生的喜樂吧。當記念造你的主，意即記念神

賜給你恩惠，使你能享樂。他勸告人，要趁着你還有體力，還有精力的時候，盡量享用你所有的。

看到老年就要來到，故趁着現今，盡情地快樂吧！聖經其他地方，對於年老的描述，再沒有比傳道書更殘酷的了。「衰敗的日子」，英文譯為「邪惡的日子」。他說，年老的日子是可怕的、不幸的。

他用三種使人無法忘懷的字彙，來形容這種「邪惡」的日子。他把老年比作冬天的來臨。這是三個比喻中，最溫和的一個：

當記念造你的主。不要等到日頭、光明、月亮、星宿，

變為黑暗，雨後雲彩反回。（傳十二1～2）

在聖地，一年到頭差不多每一天都可以看見太陽。只有冬天，秋雨下過之後，陰暗寒冷的日子才會來到。這段時間——就是介於豐盛葡萄的秋收和杏花報春之間——大自然一切歸於沉寂。樹葉凋零，百鳥不再歌唱，葡萄樹上空無果子，天空也罩着烏雲。這就是冬天的景象。這一些也都象徵着年老之時無用、無力的生活，那時痛苦多，而享樂少。

傳道者下一個比喻比較完整，他把老年比作一棟朽壞的大房子。他把詳細的細節都描述出來，我們應該一項一項來研究。他警告人說，困難的日子就要臨到，「看守房子的發顫，有力的屈身」（傳十二3）——到了年老的那日，我們的手腳都要虛弱、發抖，無法作它們過去一向所作的工作。身體上其他的肢體，氣力也漸漸消失：「推磨的稀少就止息，從窗戶往外看的都昏暗，街門關閉」（傳十二3～4）。牙齒紛紛掉落（推磨的），眼睛長了白內瘴（窗戶昏暗），耳朵聽不見（街門關閉），這一些都是年老的現象。年老也會叫我們焦急不安，所以我們說話聲音「微小」，可是一聽到奇怪的聲音，就會跳起來。傳道者把這比作「推磨的（即講話）響聲微小，雀鳥（或任何不尋常的聲音）一叫，人就起來」（傳十二4）。不但這樣，我們的聲音也開始顫抖，語氣再也不能那麼堅定穩重了：「唱歌的女子也都衰微」（傳十二4）。恐懼的程度也提高了——高處也怕，街上的恐怖事件也怕（傳十二5）——這兩樣經歷，今天的老年人還是照樣怕。

　　最後的比喻他把老年比作杏樹開花（滿頭白髮），和癱腿的蚱蜢（必須靠枴杖才能走路）（傳十二5）。最可怕的可能要算，到了老年，甚至連願望都沒有了，「人所願的也都廢掉」（傳十二5）。對這位傳道者來說，他所強調的人生最簡單的享樂是：工作、吃、喝、愛。他失去了心中的「願望」就等於他原以為美好的一切都失去了價值。因此他勸年輕的學生「當記念造你的主。」神賜給我們美物可以享受，又賜我們年輕可以享受這些美物。

　　年老時不但是享樂減少，同時死亡也隨時可能臨到。**看到死亡隨時可能臨到**，故而趁着現今，享受人生的快樂吧！傳道者以華麗如詩的想像，來裝飾他的這個命令。他把死亡描寫成失去了光和水──這是巴勒斯丁，以及其他各地，生命必不可少的兩樣東西。吊着燈的那條銀線一斷，燈和盛油的瓶摔破了，光也就熄滅。裝水的皮袋，或是井邊打水用的架子壞了，破了，也就沒有水好用。

　　這些像詩一般的比喻，是用我們所熟悉的創世記中創造的詞彙來描寫的：

　　塵土仍歸於地，

　　靈仍歸於賜靈的神。（傳十二7）

換句話說，傳道者視死亡有如創造程序之逆轉。但是，在這一幅圖畫裏沒有喜樂。靈仍歸於賜靈的神，在他看來這並不是得勝的進入天家。年老的過程，害怕死亡之隨時可能臨到，這乃是人類虛空的一生中最後之一程。傳道者最後又以他十二章以前，開始時所說的話作為結束：

　　虛空的虛空，

　　凡事都是虛空。（傳十二8）

他並沒有告訴我們，他所說的「靈仍歸於賜靈的神」是什麼意思。但是，從他的語氣似乎可以看出，那不是一種值得我們去追求的經歷。

　　傳道者所怕的那些事物中，有一部份現代科學已經解決了。良好的營養已經使百萬計的人減緩了他們老化的進度，牙齒的保健，簡單的眼科手術，小型的助聽器，這一切都幫助解決了身體退化的問題。更不用提到那些護髮劑和染髮劑，可以解決

我們頭頂那些「杏花」般的白色斑髮。

　　人類如此努力保持自己的年輕，或者更重要的，努力要使自己看起來年輕。這個事實正好証明了，傳道者所了解的我們人類之問題是何等的正確。人類的壽命增長了，我們的精力也可以保持得更長久。不過，無論如何，我們每一個人的銀線終有一天要斷落，而隨着燈盞的破碎，光也要熄滅。我們的皮袋，打水的器具終有一天會破了，會壞去，再也不能盛水。面對這些事實，我們怎能不說「虛空的虛空」？

　　他那個時代最聰明的人，對這問題也無法給予我們太多的幫助。把傳道者所講的話保存下來的那個人──可能是他的一個學生──對他的老師有很高的評價：

　　　　傳道者因有智慧，仍將知識敎訓衆人。又默想、又考
　　　　查、又陳說許多箴言。傳道者專心尋求可喜悅的言語，
　　　　是憑正直寫的誠實話。（傳十二 9 ～10 ）

可是，無論這位老師如何有智慧、如何小心，如何按正直行事，他所能作的只是幫助學生面對生死的事實。他所作的只是當時智慧人所作的──搜集智慧，傳遞智慧。他把那些話交給學生，使他們得有依靠。這些話最終的來源是神，而神乃是一切眞智慧的來源：

　　　　智慧人的言語，好像刺棍；會中之師的言語，又像釘穩
　　　　的釘子，都是一個「牧者」所賜的。（傳十二11 ）

　　他把自己所說，一切有關如何盡量享受生命簡單的享樂，並允許神自由行事的話，總括起來，如此說：

　　　　這些事都已聽見了，總意就是：敬畏神，謹守他的
　　　　誡命，這是人所當盡的本分。因爲人所作的事，連一
　　　　切隱藏的事，無論是善，是惡，神都必審問。（傳十
　　　　二13～14 ）

敬畏神和遵守神的誡命。我們必須根據傳道者在他書中所說的話來了解其含意。他告訴我們，神的旨意不要我們把自己的生命建立在智慧、財富、名聲、或情慾上面。我們應該接受生活中的現實，接受生活中的問題和奧秘，並且在可能範圍之內加以享受。而要如此作，就必須敬畏神，順服神。有了還要貪求更多，或是有了還埋怨太少，這都是虛空。神保留了自己的權

利，以決定我們的命運。我們的責任則是，善用神所分給我們的。這就是為什麼傳道者在他書中一再強調「趁着現在享受人生」的原因。

瞻望你的目標

古時這位傳道者所作的分析是陰暗的一面。基督教的福音卻可以把光明的一面提供給我們。這福音也為我們老年的問題，開了一劑更好的藥方。「趁着今日享受人生」，這也是早期基督徒所奉為金科玉律的一句話。不過，他們又在傳道者所開的藥方上加了一些佐料——例如：和基督的團契，為神國作見証。福音是好消息，它所包括的內涵不只是「趁着今日享受人生」。假如我們為着**明日**而擔心，那麼把握**今日**又有什麼用？如果為着**明日**可能蒼老，死亡可能隨時臨到而恐懼，捉住了**今天**又有何好處？

耶穌基督所開的更好的藥方是：「瞻望你的目標。」傳道者所說的是，在你可能範圍之內，儘你所能去享受生命，因為時候將來到，那時你就不能有這樣的享受。而耶穌說的則是，完全活出你生命中的一切，即使年老時也一樣，不但如此，你還要更往前超越一步。

若要成熟而不只是變老，**遵行神的旨意**乃是耶穌命令的一部份。**變老**是一個消極的過程。它講到的是皺紋、是顫抖、是眼睛昏花、是重聽。**成熟**是一種積極的經驗。它指向更大的智慧、更強的忍耐、更濃郁的愛、更豐富的理解力。

基督教福音的一個大目的，是要幫助我們按照基督的樣式，長大成為一個成熟的人。**遵行神的旨意**是這種增長的中心。它是我們與神的關係中最重要的部份。我們與神的關係，雖然受到壽數的限制，但是卻可以使我們更老練、更豐富、更有力、更完全。耶穌指着祂的門徒，說下面這段話時，祂的意思是不是如此？祂說：「看哪！我的母親，我的弟兄。凡遵行我天父旨意的人，就是我的弟兄姐妹和母親了」（太十二49～50）。

遵行神旨意的意思是，活在祂的愛裏面，以祂的旨意為中心。這使我們與祂和諧，並使我們自己之間和諧。這可以使我們既儆醒又充滿希望，因為它使我們隨時都有找到新的可能性

之存在。有的時候，我們會覺得自己好像瘸腿的蚱蜢。可是，愛的機會還是存在的。而且愛的強度也不受身體的情況所限制。老年人更會愛人，因為他們幾十年之久，浸潤在神對他們的愛中，已經成熟了。

　　以信心面對死亡是耶穌為成熟所開的藥方的另一部份。死亡的恐怖乃是年老之所以變成淒冷冬天的一個原因。耶穌勸祂的門徒不要怕死亡，即使它以最凶暴的方式來臨，也不要怕。他們的注意力應該放在神的身上，而不是那些可以置他們於死地的人身上。「那殺身體不能殺靈魂的，不要怕他們，惟有能把身體和靈魂都滅在地獄裏的，正要怕他」（太十‧28）。神照顧雀鳥，更愛護自己的兒女。祂必保守我們經過死亡的大門，進到那一邊去。燈破了，水袋碎了，經過那一道大門後的那一邊，光更加明亮，水更加甘甜。我們的死是祂的事。而祂的旨意則是我們的事。老年人更會信靠，特別是他們幾十年之久，浸潤在神信實可靠的經歷中成熟了，更知道如何信靠。

　　照歷史的方向移動乃是耶穌成熟模式的第三個部份。時間不停往前進，但它並非自行前進。神照著自己的計劃使時間前進。神的計劃自創世開始，而將於基督再來時達到高峯。已經過去的年歲不是折磨受苦，而是神聖的。這是神使歷史照自己所定之方向前進的方法。如果時間執行其任務，你家人中失去了幾個人，那麼請記往，耶穌曾經使自己的生命朝著那個時候前進。那個時候一到，祂就榮耀神，並且藉著自己的死拯救我們。我們可以讓時間進行其工作，雖然有時看來殘酷，但是我們有一個盼望，那就是時間的工作即神的工作。時間前進的目標不是死亡，而是生命。老年人很會盼望，特別是他們已經幾十年之久，浸潤在神應許的真理之中，成熟了。

　　向前瞻望你的目標。這個目標也許不是過了九十歲，還要爬阿爾卑斯山或堤頓山，但你的這個目標更偉大、更具冒險性——就如以愛心和信靠之心遵行神的旨意，以勇氣和信賴面對死亡，以盼望和期待照歷史的方向朝前移動。年歲的增加有其虛空的一面，但是這虛空和基督所給我們的那種成熟相比，就算不得什麼了。

結論

　　現在，這位智慧的傳道者已經把他的觀點說清楚了：我們所倚靠，期望為我們生命帶來意義和尊貴的那些東西，在我們重量的壓迫之下，都像泡沫一般幻滅了。我們必須在事物不可靠的這種棘手環境下，盡力而為。神既有豐盛的恩典，那麼祂所賜的，我們就要用。恩賜只要夠你工作，食物只要夠你吃，朋友只要夠你愛，你就不必多求。

　　雖然世上許多誘惑爭相吸引我們的注意力，但是神所造之物可以叫我們得到更多的益處。兩千多年的時間已經成為過去，事實証明這位智慧者是正確的。今天我們狂熱追求生命的意義，都是愚妄虛空，是那位傳道者早就看透的。可是，他所拋棄的，我們卻仍然猛追。他說，這一切是虛空的，是無用的，這些話對我們仍是合宜的。

　　我們要聽這些話，多多的聽。我們更必須聽耶穌，這位從父那裏奉差遣而來，比所羅門更有智慧的偉大智者的話。祂手中持有生命的鑰匙。一切暫時的解決方法都要把它拋棄一旁。完整的眞理已經臨到我們中間，告訴我們錯誤之所在，宣佈那些暫時的解決之道都已成為過時的爛物。

　　這位傳道者要帶領他的學生超越他們同胞的虛空，可是他也警告他們，不可從他帶領他們所到之處再往前走：

　　我兒，還有一層，你當受勸戒。著書多，沒有窮盡；

　　讀書多，身體疲倦。（傳十二12）

　　假如不是耶穌已經臨到，我們也許應該遵從這位傳道者的話去作。我們需要的不是另一本的書，而是最終的「道」。這位最終的「道」我們無論如何研究，如何學習都不會疲倦，反而有安息。「我心裏柔和謙卑，你們當……，學我的樣式，這樣你們心裏就必享安息」（太十一29）。這一位就是耶穌。祂的門徒——現在已經多到千萬計——已經學會超越虛空，遠遠地超越了虛空。